컴퓨터

(Windows 10) **활용**

이 책의 구성

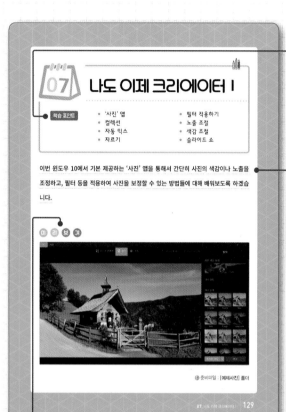

이번에 학습할 핵심 요소를 살펴봅니다.

학습 목표

무엇을 학습할지 알고 시작합니다.

미리보기

학습 결과물을 미리 살펴봅니다.

학습 다지기

실습 전에 학습할 내용을 간단히 살펴봅니다.

실력 다듬기

활용 예제를 통해 따라하기 방식으로
학습 내용을 익힙니다.

실력 다지기

응용 예제를 통해 학습 내용을 정리하고
복습합니다.

업데이트 유무에 따라 화면 구성 등이 교재와 다를
수 있습니다.

 예제파일 **다운로드**

1 시대인 홈페이지(www.edusd.co.kr)에 접속한 후, 로그인을 합니다.
※ '시대' 회원이 아닌 경우 [회원가입]을 클릭하여 가입한 후 로그인을 합니다.

2 홈페이지 위쪽의 Menu에서 [프로그램]을 선택합니다.

※ 홈페이지의 리뉴얼에 따라 위치나 텍스트 표현이 변경될 수도 있습니다.

3 프로그램 자료실 화면이 나타나면 책 제목을 검색합니다. 검색된 결과 목록에서 해당 도서의 자료를 찾아 제목을 클릭합니다.

4 관련 페이지가 열리면 다음과 같이 별도로 링크가 설정된 텍스트를 클릭합니다.

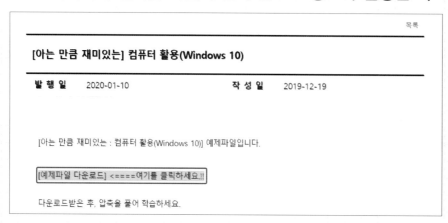

5 구글 드라이브 페이지가 표시되면 [다운로드(⬇)] 버튼을 클릭합니다.

6 다운로드 용량이 크면 관련하여 메시지가 나타날 수 있습니다. 읽고 다시 [다운로드] 버튼을 클릭합니다. 파일이 다운로드되면 [열기]를 선택합니다.

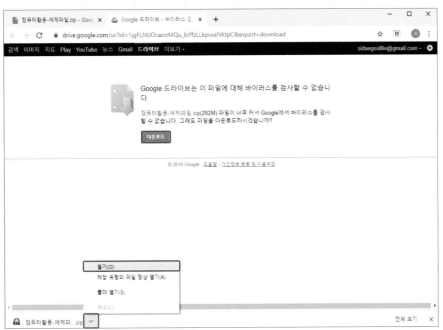

※ 위 이미지는 '크롬(Chrome)' 브라우저의 모습입니다. 인터넷 익스플로러나 엣지를 이용한 경우, 좀 다를 수 있습니다.

7 컴퓨터 내의 압축 해제 프로그램을 활용하여 압축을 해제합니다. '컴퓨터활용-예제파일.zip' 파일이 해제되면 교재의 준비 파일이 폴더별로 제공됩니다.

시작 전에 살펴보기

컴퓨터의 주요 구성

 ▲ 모니터　　 ▲ 본체　　 ▲ 키보드　　 ▲ 마우스　　 ▲ 스피커　　 ▲ 프린터

바탕 화면의 구성

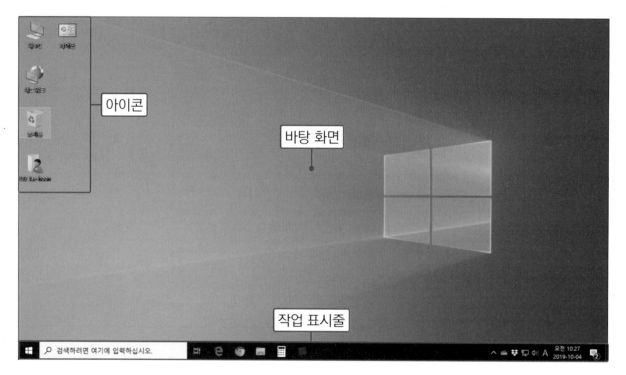

아이콘 / 바탕 화면 / 작업 표시줄

작업 표시줄의 구성

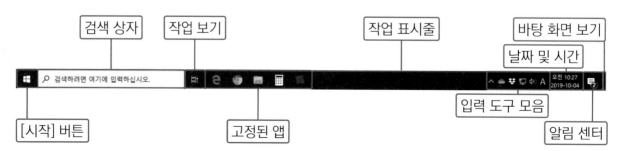

검색 상자 / 작업 보기 / 작업 표시줄 / 바탕 화면 보기 / 날짜 및 시간 / [시작] 버튼 / 고정된 앱 / 입력 도구 모음 / 알림 센터

01 윈도우를 만나보자

학습 포인트

- 운영체제
- 시작 메뉴 구성
- 시작 화면 관리
- 타일 관리
- 알림 센터 관리
- 화면 분할

윈도우는 전세계에서 가장 많이 쓰는 개인용 컴퓨터 운영체제입니다. 컴퓨터를 잘 사용하기 위해서는 윈도우의 기본기가 있어야 합니다. 이번 장에서는 윈도우의 시작과 끝이라 볼 수 있는 가장 기본적인 시작 메뉴에 대해서 알아보겠습니다.

01 | 학습 다지기　　운영체제와 윈도우

Step 01　운영체제

컴퓨터를 잘 모르는 사람이라도 '운영체제'란 말은 가끔 들어 봤을 겁니다. 도대체 운영체제가 무엇일까요?

운영체제는 호텔의 서비스 시스템과 비슷합니다. 예를 들어 집에서는 먹고 싶은 음식은 직접 해 먹어야 하며, 세탁도 방 청소도 직접 해야 합니다. 수영을 하고 싶으면 멀리 있는 수영장을 찾아가야 하고, 택시도 직접 잡아야 하니 귀찮은 게 한두 가지가 아닙니다. 하지만, 호텔을 이용하면 한 장소에서 서비스와 부대시설을 편안하게 이용할 수가 있습니다. 먹고 싶은 음식은 호텔 식당에 가서 먹을 수 있고, 직원에게 부탁을 하면 옷도 세탁을 해서 가져다 주며, 방도 청소해 줍니다. 물어보면 친절하게 안내해 주는 매니저도 항시 대기하고 있으며, 택시도 불러 줍니다. 호텔에 딸린 수영장에서 수영을 할 수도 있습니다.

호텔의 서비스 시스템이 고객에게 다양한 서비스와 편리함을 제공하고 있듯이, 컴퓨터의 운영체제도 컴퓨터 사용자들에게 다양한 서비스와 편리함을 제공하고 있습니다. 그렇기 때문에 컴퓨터를 이용하여 내 방, 내 책상에서 메일(편지) 보내기나 문서 작성, 음악 및 영화 감상 등을 손쉽게 처리할 수가 있는 것입니다.

Step 02　윈도우 10

운영체제에는 Windows, Mac OS, Linux, Unix 등 여러 종류가 있습니다. 그 중에서도 '윈도우(Windows)'는 마이크로소프트(Microsoft)라는 회사에서 개발한 운영체제로, 전 세계에서 가장 많이 사용되고 있습니다. 윈도우는 지속적인 개발을 통해 꾸준히 발전해 왔으며, 가장 최신의 윈도우 버전이 '윈도우 10'입니다. 윈도우 10은 그래픽 인터페이스를 갖추고 있어 사용자가 마우스로 툭툭 클릭만 해도 대부분의 일을 처리할 수 있습니다. 또한 알림 기능과 다중 바탕 화면 기능, 스마트폰과의 연동 기능 등 사용자에게 제공되는 편리한 기능들이 많이 탑재되어 있습니다.

바탕 화면의 [시작(⊞)] 버튼을 클릭하면 나타나는 메뉴는 크게 3구역으로 나뉩니다. 맨 왼쪽부터 '시작 메뉴', '모든 앱', '시작 화면'으로 구성되어 있습니다.

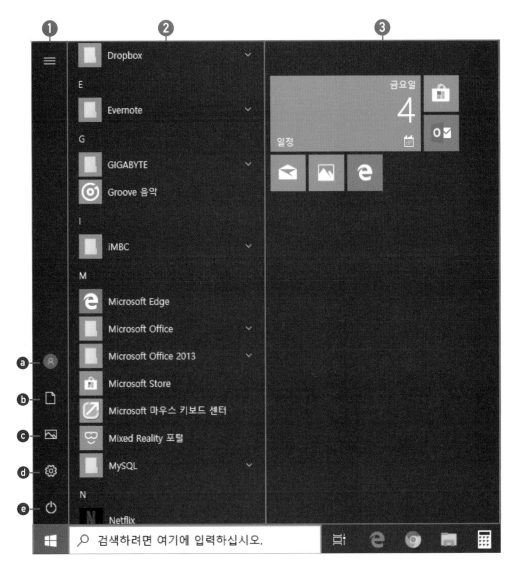

① 시작 메뉴

ⓐ **사용자 계정** : 현재 로그인 되어 있는 사용자의 계정을 표시합니다. 윈도우는 여러 명이 사용할 수 있는 운영체제로, 계정을 만들고 설정할 수 있습니다.

ⓑ **문서** : 컴퓨터에 문서가 저장되는 장소로 이동합니다.

ⓒ **사진** : 컴퓨터에 사진이 저장되는 장소로 이동합니다.

ⓓ **설정** : 윈도우 10의 옵션을 변경할 수 있는 [설정] 창의 [Windows 설정] 화면으로 이동합니다.

ⓔ **전원** : 컴퓨터를 종료하거나 다시 시작합니다. 또는 절전 모드로 진입할 수도 있습니다.

② **모든 앱** : 컴퓨터에 설치된 응용 프로그램과 유틸리티 항목입니다. 설치된 프로그램과 유틸리티들을 이곳에서 실행시킬 수 있습니다.

③ **시작 화면** : 자주 쓰는 프로그램을 따로 모아 관리할 수 있습니다.

Step 01   시작 메뉴로 시작하기

01 컴퓨터를 켜면 윈도우 화면이 켜지면서 바탕 화면이 보입니다. 시작 메뉴에 '파일 탐색기'를 추가해 보도록 하겠습니다. 작업 표시줄에 있는 [시작(⊞)] 버튼을 클릭합니다.

02 🗎(문서), 🖼(사진), ⚙(설정) 중 한 곳을 마우스 오른쪽 버튼으로 클릭한 후, 바로 가기 메뉴가 나타나면 [이 목록 개인 설정]을 선택합니다.

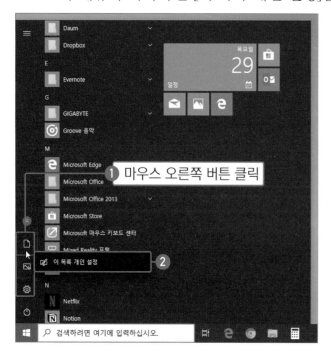

> 시작 메뉴에 있는 목록들은 직접 추가하거나 삭제할 수 있습니다.

03 [설정] 창이 나타나면 [파일 탐색기] 항목의 슬라이더를 오른쪽으로 밀거나 '끔'을 클릭해 '켬'으로 바꿉니다. [설정] 창의 오른쪽 상단의 ×(닫기) 버튼을 클릭해 창을 닫습니다.

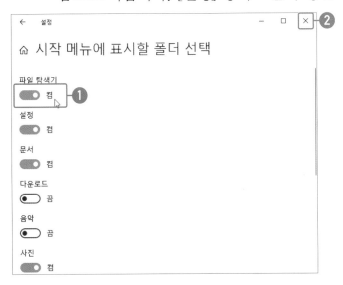

04 [시작(⊞)] 버튼을 다시 클릭합니다. ▤(파일 탐색기)가 표시된 것을 확인할 수 있습니다.

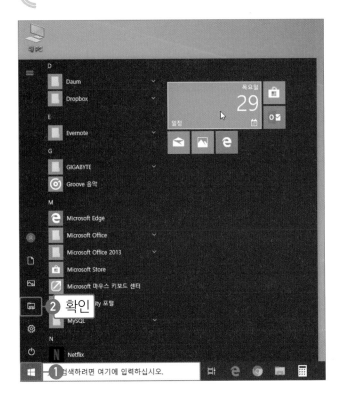

01 [시작(⊞)] 버튼을 클릭한 후, 시작 화면을 보면 기본적으로 구성되어 있는 항목들이
보입니다. 타일의 위치를 조정해 보겠습니다. [일정] 타일을 클릭한 채 아래로 드래그
합니다. 구역이 나뉘어지는 것을 확인한 후 마우스에서 손을 뗍니다.

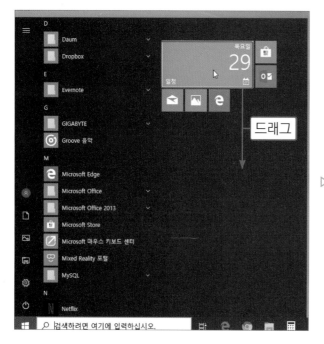
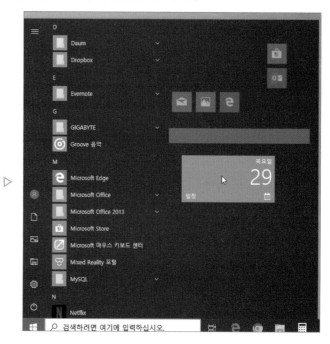

사용자의 컴퓨터에 따라 시작 화면이 위의 그림(타일 개수와 정렬 상태 등)과 똑같지 않을 수 있습니다. 일
단은 보이는 타일 하나를 선택해 따라해 봅니다.

02 [메일] 타일을 같은 방식으로 [일정] 옆
으로 이동합니다. 타일들이 두 구역으
로 정리되었습니다.

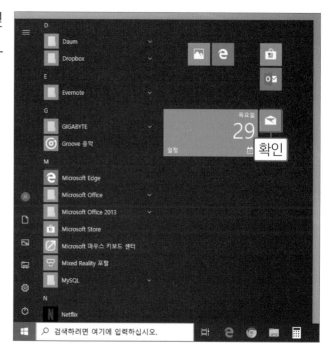

03 [일정]과 [메일] 타일 위쪽으로 마우스 포인터를 이동하면 '그룹 이름 지정'이란 글자가
표시됩니다. 클릭한 후, '생산성'이라고 변경합니다.

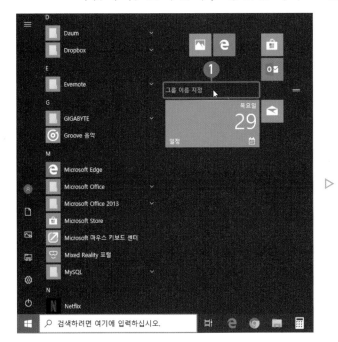
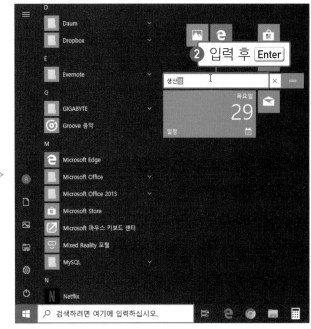

04 타일들의 크기를 조절해 보겠습니다. [일정] 타일을 마우스 오른쪽 버튼으로 클릭한
후, [크기 조정]-[작게]를 선택합니다.

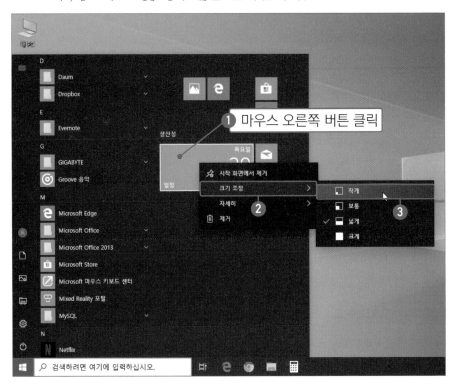

05 타일의 크기가 작아졌습니다. 이번에는 안 쓰는 타일을 제거해 보겠습니다. [메일] 타일을 마우스 오른쪽 버튼으로 클릭한 후, [시작 화면에서 제거]를 선택합니다.

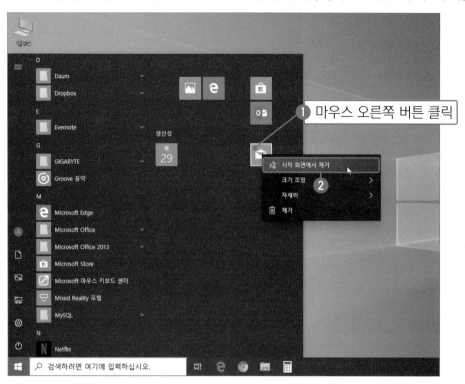

06 해당 타일이 시작 화면에서 사라집니다.

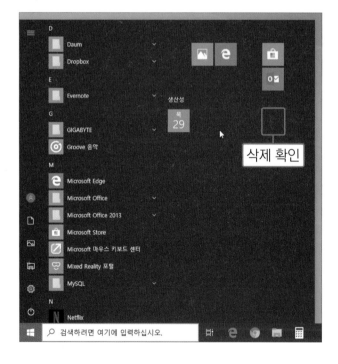

삭제 확인

'시작 화면에서 제거'와 '제거'의 차이

'시작 화면에서 제거'는 시작 화면에서 아이콘만 지운 것으로, 프로그램 자체는 존재하기 때문에 언제든지 아이콘을 다시 만들 수 있습니다. 하지만 '제거'는 프로그램 자체를 컴퓨터에서 삭제하는 것입니다.

07 모든 앱에서 '날씨'를 찾아 시작 화면의 원하는 위치로 드래그합니다.

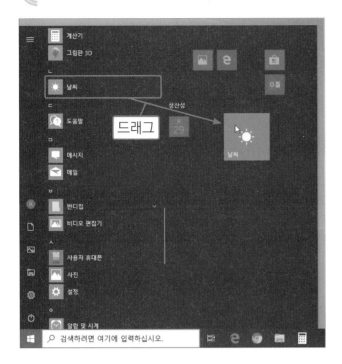

08 앞의 과정들을 활용하여 타일들의 크기와 위치를 원하는 방식으로 정렬합니다.

타일 메뉴 알아보기

타일을 마우스 오른쪽 버튼으로 클릭했을 때 나오는 '자세히'에 대해 간단히 알아보도록 하겠습니다.

① **라이브 타일 끄기/켜기** : 일정. 날씨 뉴스와 같이 실시간 변동되는 사항들이 클릭하지 않아도 타일에 실시간으로 보여집니다. 이 기능을 끄거나 켤 수 있습니다.

② **작업 표시줄에 고정** : 윈도우 10의 작업 표시줄에 아이콘을 복사해 놓습니다. 작업 표시줄에 아이콘이 있으면 [시작(⊞)] 버튼을 클릭하지 않고도 앱(프로그램)을 실행할 수 있습니다.

③ **앱 설정** : 앱에 대한 옵션들을 조절할 수 있습니다.

④ **앱 평가 및 리뷰** : 앱에 별점을 줄 수 있습니다. 이 평가는 마이크로소프트 스토어에 등록됩니다.

⑤ **공유** : 사용자의 연락처가 윈도우에 저장되어 있다면 연락처의 친구들에게 앱을 알려줘 설치할 수 있도록 합니다.

01 작업 표시줄의 오른쪽에 표시된 ▣(알림 센터) 아이콘을 클릭합니다.

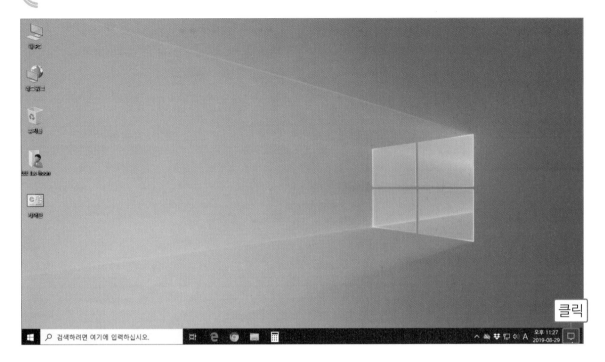

클릭

02 알림 센터가 열립니다.

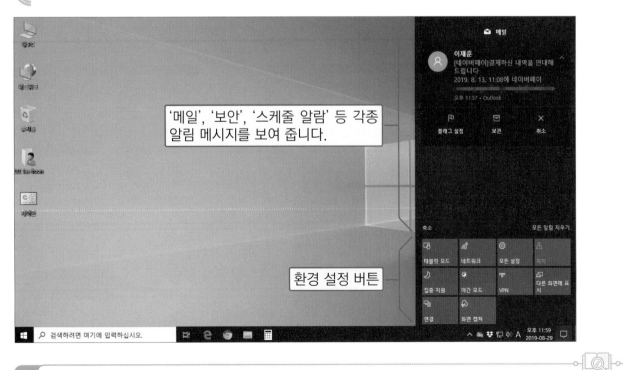

'메일', '보안', '스케줄 알람' 등 각종 알림 메시지를 보여 줍니다.

환경 설정 버튼

알림 센터는 메일이 도착하거나 핸드폰 문자가 왔을 때, 달력에 알람 설정을 해 놨을 때, 컴퓨터에 바이러스가 발견됐을 때 등 여러 가지 알림들을 알려 줍니다.

03 컴퓨터를 사용하는 데 수시로 알림 창이 뜨고 알림 소리가 나면 신경이 쓰일 수도 있습니다. 알림이 신경 쓰인다면 알림을 꺼 두는 것이 좋습니다. 모든 알림을 꺼 보도록 하겠습니다. [모든 설정] 버튼을 클릭합니다.

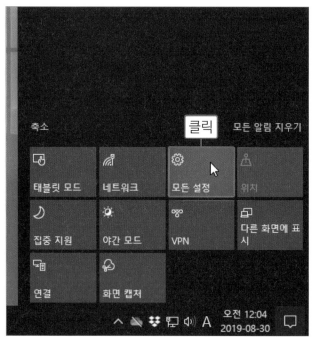

버튼이 한 줄로만 있어요.

다음 그림과 같이 버튼이 한 줄로만 보이는 경우, [확장]을 클릭하면 모두 볼 수가 있습니다.

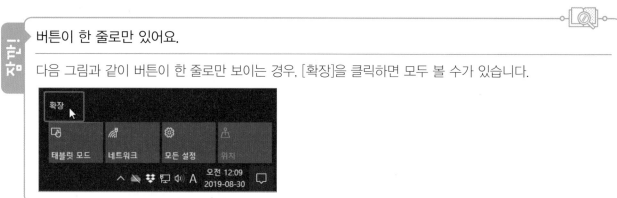

시작 메뉴의 [설정(⚙)]을 클릭해도 [설정] 창을 불러올 수 있습니다.

04 [설정] 창의 [Windows 설정] 화면이 나타나면 [시스템]을 클릭합니다.

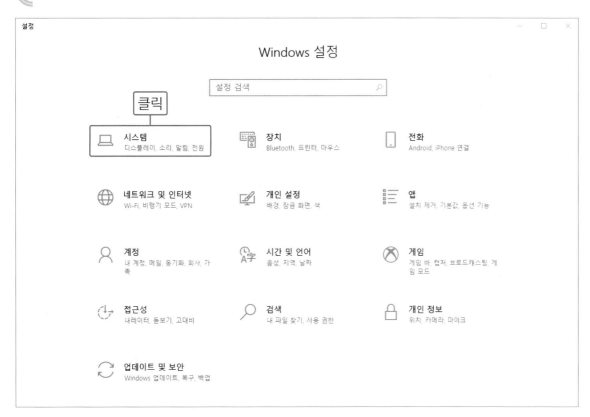

05 왼쪽 목록에서 [알림 및 작업]을 선택합니다. 오른쪽 화면이 바뀌면 [알림]의 [앱 및 다른 보낸 사람의 알림 받기]에서 '켬'으로 설정된 부분(⬤)의 슬라이더를 밀거나 클릭합니다.

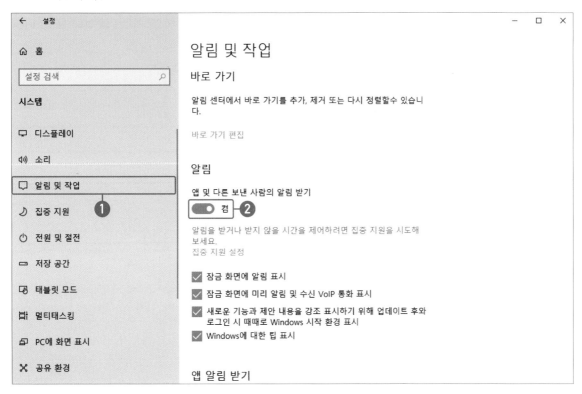

06 [앱 및 다른 보낸 사람의 알림 받기]가 '끔'으로 바뀝니다. 이제 알림이 와도 화면에 표시를 하지 않습니다. 다시 슬라이더를 밀거나 '끔'을 클릭하여 '켬'으로 바꿉니다.

07 알림의 on/off 설정을 앱별로 설정할 수도 있습니다. 화면을 조금만 아래로 내려 [앱 알림 받기]를 보면 설치되어 있는 앱 목록이 표시됩니다. 모든 알림이 켜져 있습니다. 알람을 받고 싶지 않은 앱은 꺼 두면 됩니다. 여기서는 [Microsoft Edge]의 ⬤부분을 클릭해 '끔'으로 설정합니다. 이제 'Microsoft Edge'와 관련해서는 알림을 표시하지 않습니다.

08 알람을 좀 더 세부적으로 설정할 수도 있습니다. [Microsoft Edge]를 '켬'으로 바꾸고 아이콘 부분을 클릭합니다.

09 세부 설정 항목들이 나타나면 원하는 항목을 체크 또는 체크 해제하여 설정한 후, 왼쪽 상단의 ←(뒤로)를 클릭합니다.

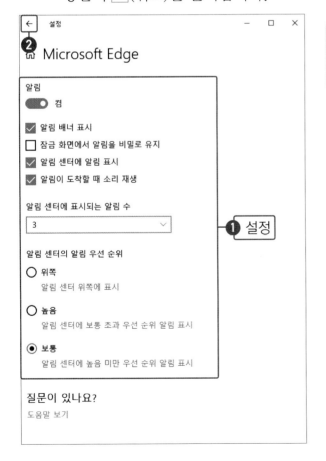

잠깐!

- **알림 배너 표시** : 알림이 오면 윈도우 오른쪽 하단에 팝업으로 알립니다.
- **잠금 화면에서 알림을 비밀로 유지** : 윈도우를 로그인하기 위한 로그인 화면에서는 사생활과 개인정보 보호를 위해 알림을 숨깁니다.
- **알림 센터에 알림 표시** : 말 그대로 알림이 오면 알림 센터에 목록으로 표시됩니다.
- **알림이 도착할 때 소리 재생** : 알림이 오면 벨소리를 냅니다.
- **알림 센터에 표시되는 알림 수** : 알림 센터에 알림 목록을 몇 개까지 보여 줄 것인지를 설정합니다. 예를 들어 알림 수가 3개로 선택되어 있는 경우, 알림 센터에 이미 3개의 알림이 목록으로 있을 때 알림이 하나 더 오면 가장 오래된 알림을 지우고 가장 최신의 것들로 목록 3개를 유지합니다.
- **알림 센터에 알림 우선 순위** : 중요한 알림일수록 위쪽으로 선택합니다.

10 알림 센터의 환경 설정 버튼들을 삭제 또는 추가할 수 있습니다. [바로 가기 편집]을 클릭합니다.

11 알림 센터가 표시됩니다. 여기서는 데스크탑 컴퓨터에서는 필요 없는 '태블릿 모드'를 삭제해보겠습니다. '태블릿 모드'의 동그란 핀 모양 아이콘(📌)을 클릭한 후, [완료]를 선택합니다. '태블릿 모드'가 사라졌습니다.

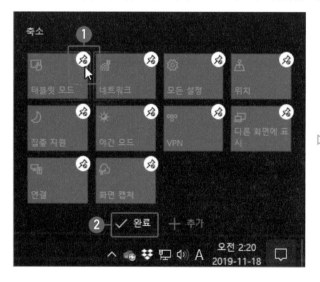 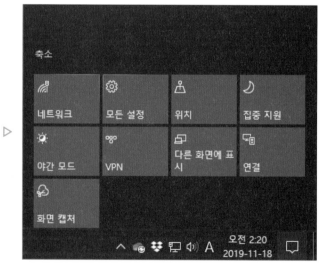

아래의 [추가]를 클릭하거나 마우스 오른쪽 버튼을 클릭한 후 [편집]을 선택해도 언제든지 다시 추가할 수 있습니다.

컴퓨터를 쓰다 보면 쓰고 있는 창에서 다른 창으로 이동을 자주 해야 하는 경우가 생깁니다. 그런데 창 하나가 다른 창 위에 얹어져 있어 다른 창이 안 보일 때가 많습니다. '모니터가 두 개면 참 편할 텐데'라는 생각을 가끔 하게 됩니다. 모니터 두 대 만큼은 아니지만 비슷한 효과를 낼 수 있는 기능에 대해 알아봅니다.

01 '날씨'와 'Microsoft Edge', 그리고 '일정'을 실행해 다음과 같이 배치합니다. [일정] 창의 제목 표시줄을 클릭한 채 화면 오른쪽(또는 왼쪽) 끝까지 드래그를 합니다.

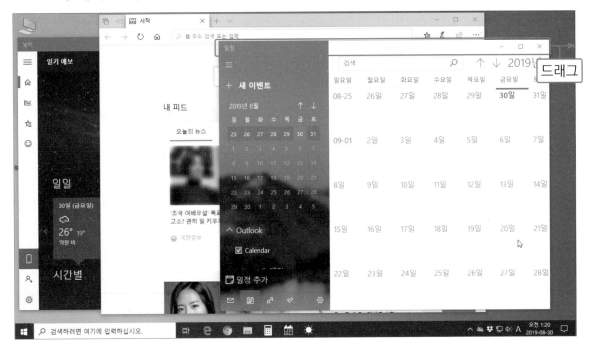

02 화면이 투명하게 오른쪽 반을 차지하는 것이 보이면 마우스에서 손을 뗍니다.

03 나머지 두 프로그램이 선택을 기다리고 있습니다. 'Microsoft Edge'를 클릭합니다.

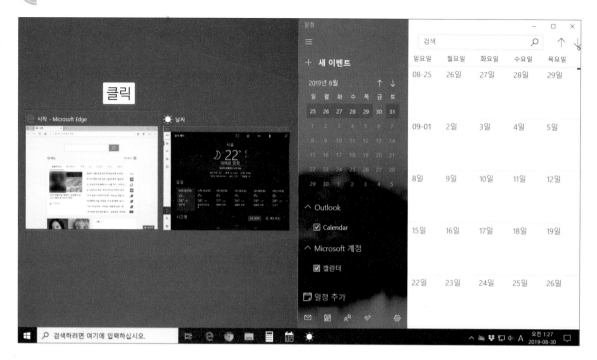

04 화면이 양쪽으로 분할되어 표시되는 것을 확인할 수 있습니다.

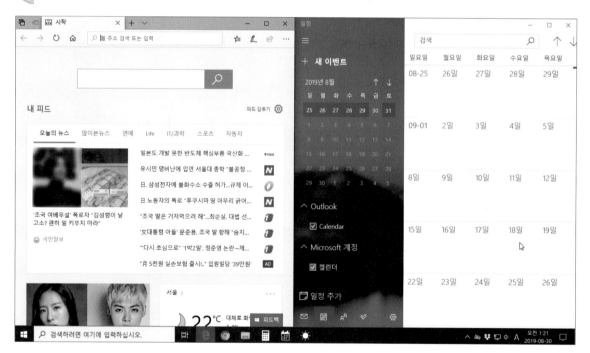

1 시작 메뉴에 '음악' 항목을 표시하고, 표시되어 있는 '문서' 항목은 숨겨 봅니다.

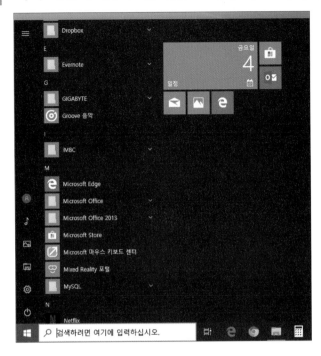

2 [Windows 보조프로그램]의 [그림판]을 시작 화면에 타일로 추가해 봅니다.

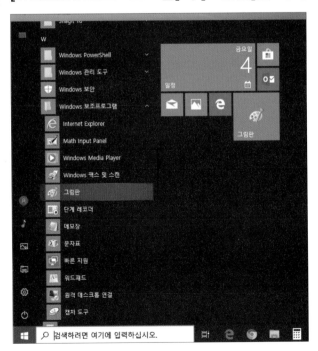

힌트 [시작] 버튼 클릭 → 모든 앱에서 [Windows 보조 프로그램]-[그림판]을 마우스 오른쪽 버튼으로
클릭 → [시작 화면에 고정] 선택

3 알림 센터에 '태블릿 모드'를 표시하고, 위치를 조정해 봅니다.

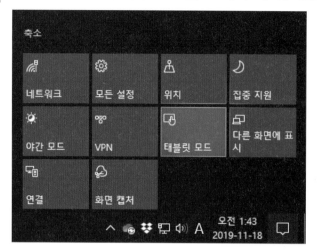

> **힌트!** 편집 상태에서 시작 화면의 타일처럼 알림 센터의 [태블릿 모드] 버튼을 드래그하면 위치를 조정할 수 있습니다.

4 4개의 임의의 프로그램을 실행한 후, 다음과 같이 4등분으로 배치해 봅니다.

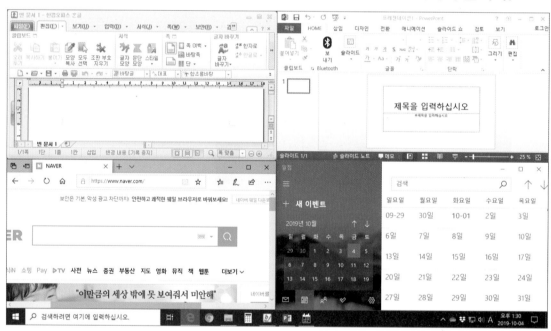

> **힌트!** 화면의 4분의 1을 차지하게 하려면 화면의 모서리 부분으로 드래그해야 합니다.

02 집중도를 높이는 정리정돈

학습 포인트

- 파일 탐색기
- 폴더 만들기
- 복사와 이동
- 압축과 해제
- 파일 삭제
- 휴지통 비우기
- 바로 가기
- 라이브러리

컴퓨터 작업은 한마디로 파일을 다루는 것입니다. 이 파일들이 어떤 형태로 있느냐에 따라서 문서 파일, 음악 파일, 동영상 파일, 응용 소프트웨어 설치 파일 등으로 구분합니다. 이번 장에서는 윈도우가 이런 파일들을 어떻게 다루고 활용하는지에 대해서 배워보도록 합니다.

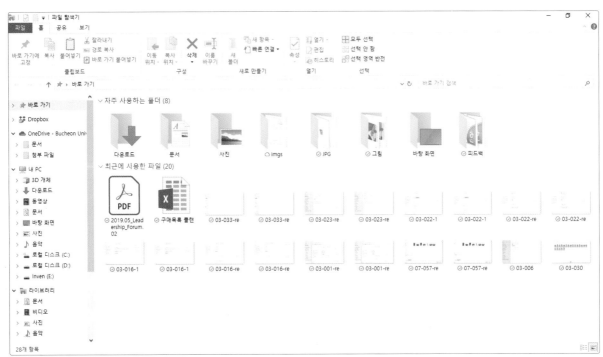

⊙ 준비물 : USB 메모리
⊙ 준비파일 : [예제음악] 폴더

Step 01   파일 탐색기

다음과 같이 책상을 정리하는 상상을 해 봅니다. 문구류는 오른쪽 문구함에 잘 모아 놓고, 왼쪽 서류함에는 날짜별, 이름별로 구분해서 넣어 둡니다. 지금 당장 보는 책들은 책상 바로 위에 두고, CD 케이스에 음악 CD들도 모아 두어 필요한 것들은 바로 찾아 볼 수 있게 합니다. 당장 필요하지 않은 것들이 있으면 장기 보관함에 두고, 불필요한 것들은 휴지통에 넣어 정리합니다.

우리가 운영체제에서 파일을 다루는 일은 책상을 정리하는 것과 비슷합니다. 이와 관련된 것이 운영체제의 다양한 서비스 중 하나인 '파일 탐색기'입니다. 파일 탐색기는 사용자가 직접 다룰 수 있으며, 필요와 취향에 따라 구분지어 놓을 수 있습니다. 파일 탐색기는 한 눈에 책상을 내려다 볼 수 있는 것처럼 직관적인 인터페이스를 가지고 있어 마우스만으로도 만들고 옮기고 지우고 정돈할 수 있습니다.

Step 02   파일과 폴더

'파일'은 컴퓨터에서 특정한 형태를 갖추어 일을 수행하는 데이터 단위입니다. 예를 들어 문서를 작성하고 저장하면 문서 타입의 데이터가 생성되는데, 이것이 문서 파일입니다. 음악을 틀어 주면 음악 파일, 동영상을 보여 주면 동영상 파일, 그 밖에도 엑셀 파일, 파워포인트 파일, 그래픽 파일 등 다양한 형태의 파일들이 존재하고 있습니다. 이 파일들을 원하는 목적에 따라 분류를 하고 정리할 수 있는 서류철 역할을 하는 것이 '폴더'입니다. 폴더는 사용자 마음대로 생성과 삭제를 할 수 있고, 폴더 안에 다시 폴더를 만들 수도 있습니다.

▲ 파일   ▲ 폴더(서류철)

Step 03 　파일 압축

'압축'이란 말 그대로 부피를 줄이는 것을 뜻합니다. 컴퓨터에서의 부피란 바로 '용량'을 뜻하고, 컴퓨터에서의 압축은 데이터의 용량을 줄이고 파일의 수를 줄이는 것을 뜻합니다. 윈도우 10은 파일에 대한 압축과 해제 기능을 파일 탐색기에 내재하고 있습니다.

Step 04 　파일 탐색기 살펴보기

작업 표시줄의 🗔(파일 탐색기)를 클릭하거나 [시작(⊞)]–[Windows 시스템]–[파일 탐색기]를 선택하면 다음과 같은 창이 나타납니다.

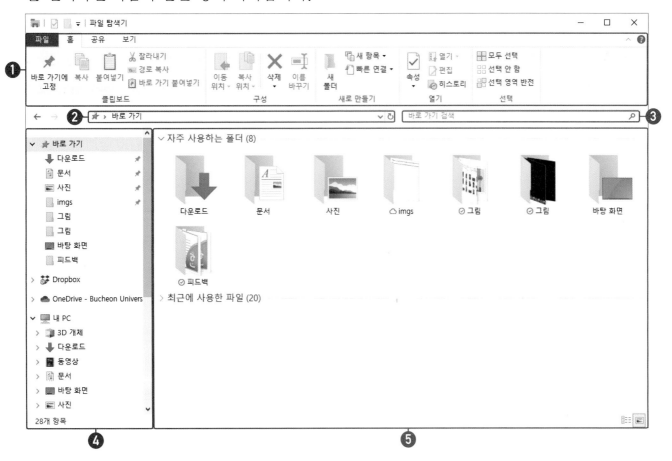

① 리본 메뉴 : 파일 탐색기에서 사용할 수 있는 기능들을 모아 놓은 곳입니다.

② 주소 표시줄 : 현재 내가 있는 곳, 내가 사용하거나 저장할 파일이 있는 위치를 나타냅니다.

③ 검색 : 찾고자 하는 파일을 검색할 때 사용하는 곳입니다.

④ 탐색 창 : 내 컴퓨터에 있는 모든 폴더들을 트리 구조로 보여 줍니다.

⑤ 파일 영역 : 탐색 창에서 선택한 폴더의 내용(하위 폴더, 파일)을 보여 줍니다.

'바로 가기'와 '라이브러리'

'바로 가기'는 인터넷의 '즐겨찾기'와 같다고 할 수 있습니다. 자주 가는 웹사이트를 즐겨찾기에 등록해 두면 일일이 주소를 입력하지 않아도 한 번에 이동할 수 있는 것처럼 내가 자주 가는 폴더를 등록해 두면 한 번에 쉽게 이동할 수 있습니다.

'바로 가기'가 내가 만들어 둔 폴더의 위치를 한 번에 이동시켜 주는 기능이라면 '라이브러리'는 내가 설정한 특정한 목적을 가지고 있는 폴더에 링크를 걸어 둔 것이라 할 수 있습니다. 예를 들어 [가요] 폴더에도 음악이 있을 수 있고, [우리 아이 교육] 폴더에도 음악이 있을 수 있고, [파워포인트 프로젝트] 폴더에도 음악이 있을 수 있습니다. 이처럼 여기저기 흩어진 음악들을 '음악'이라는 라이브러리를 만들고 추가를 해놓으면 '음악' 라이브러리 안에서 등록된 음악들이 한 번에 보이고, 관리할 수 있게 됩니다.

02 | 실력 다듬기 ▷ 파일과 폴더 다루기

파일 탐색기 다루기

01 컴퓨터를 켠 후, 작업 표시줄에서 📁(파일 탐색기)를 클릭합니다.

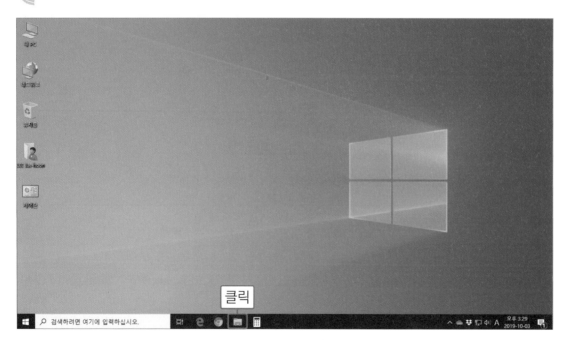

> 작업 표시줄에 📁(파일 탐색기) 아이콘이 보이지 않으면 [시작(⊞)]-[Windows 시스템]-[파일 탐색기]를 선택합니다.

02 다음과 같이 '파일 탐색기' 앱이 실행됩니다. 기본적으로 [파일 탐색기] 창의 왼쪽 탐색 창에 [바로 가기]가 선택되어 있습니다.

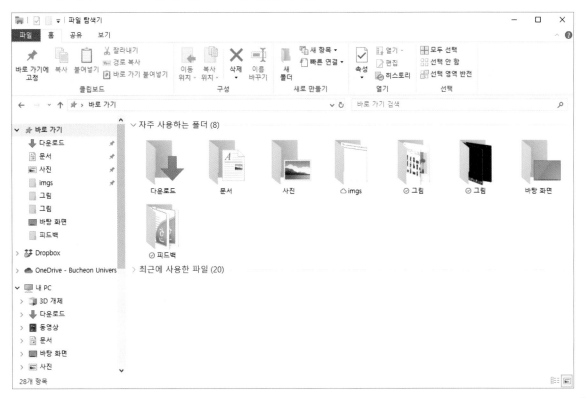

리본 메뉴가 고정이 안돼요.

리본 메뉴는 윈도우의 설정에 따라 고정되어 계속 보이기도 하지만, 메뉴 탭을 클릭할 때만 나타나기도 합니다.

리본 메뉴를 고정시키고 싶다면 리본 메뉴 오른쪽 끝의 ⌄(리본 확장)을 클릭합니다.

컴퓨터에 주소가 있어요?

컴퓨터를 사용하다 보면 '주소'라는 말을 종종 듣게 됩니다. 이때의 주소는 내가 사용할 파일이 위치하고 있는 장소를 뜻하며, 다른 말로 '경로'라고도 합니다. 문서를 쓰다가 저장할 때 또는 인터넷에서 음악 파일을 다운로드 할 때 해당 파일을 어디다 정리해 둘지 결정하여 보관하는 장소를 의미합니다.

> 내 PC > 새 볼륨 (C:) > Program Files > Internet Explorer >   ⌄ ↻

03 리본 메뉴의 [보기] 탭-[창] 그룹-[탐색 창]을 클릭한 후, [라이브러리 표시]를 선택합니다.

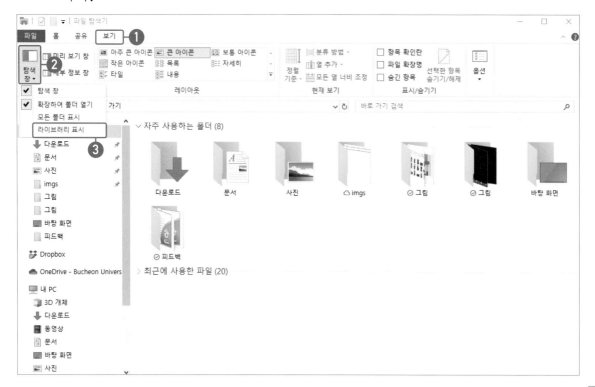

잠깐만요 탐색 창 표시/숨기기

[보기] 탭-[창] 그룹-[탐색 창]에서 [탐색 창]을 선택하여 체크를 해제하면 파일 탐색기에서 탐색 창이 숨겨집니다. 같은 방법으로 다시 선택하여 체크하면 탐색 창이 표시됩니다.

04 탐색 창에 '라이브러리' 항목이 표시된 것을 확인할 수 있습니다.

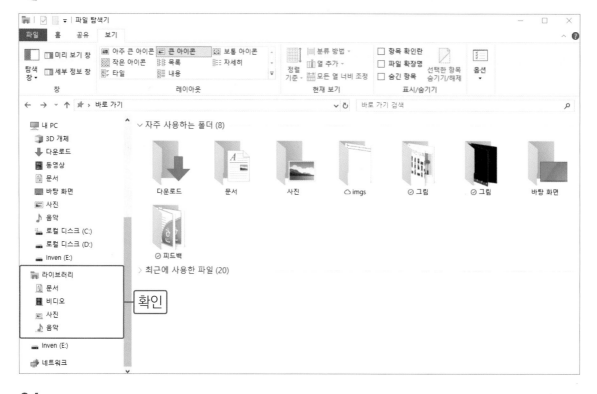

05 [보기] 탭-[레이아웃] 그룹은 파일 영역에 보이는 폴더 및 파일의 아이콘을 보는 방식에 대한 부분입니다. [자세히]를 클릭합니다. 폴더와 아이콘이 재정렬되면서 오른쪽으로 관련된 정보가 표시됩니다. [문서] 폴더를 더블 클릭합니다.

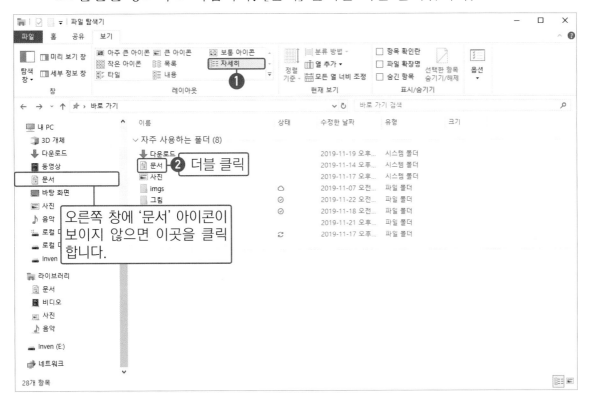

06 선택한 폴더 안으로 이동되며, 폴더 내용들이 파일 영역에 나타납니다. 주소 표시줄에 선택한 폴더의 경로가 표시됩니다. 주소 표시줄 옆에 있는 ←(뒤로)를 클릭해 원래의 위치로 돌아갑니다.

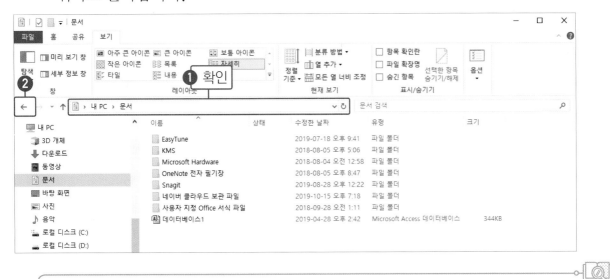

위를 가리키는 화살표는 뭔가요?

←는 출발한 곳으로 돌아가는 것이고 ↑는 출발한 곳과 상관없이 지금 있는 폴더의 바로 상위 폴더로 이동하는 것을 뜻합니다.

관련된 파일들을 정리하고 분류하기 위해서는 폴더를 만들어야 합니다.

01 폴더를 만들 위치로 이동하기 위해 탐색 창의 [내 PC]에서 [바탕 화면]을 클릭합니다. [홈] 탭-[새로 만들기] 그룹-[새 폴더] 클릭합니다.

잠깐!

내 PC의 목록이 보이지 않아요.

목록이 보이지 않고, 내 PC 옆에 〉로 표시 되어 있다면 클릭해서 확장합니다.

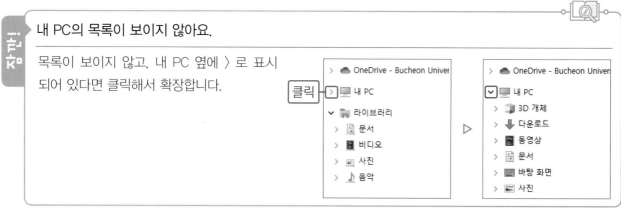

02 새 폴더가 생성되면 폴더의 이름을 '음악'으로 입력합니다.

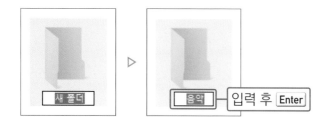

03 새 폴더 이름이 변경된 것을 확인한 후, 오른쪽 상단의 ☒(닫기) 버튼을 클릭해 창을 닫습니다.

04 윈도우의 바탕 화면을 보면 [음악] 폴더가 만들어진 것을 확인할 수 있습니다.

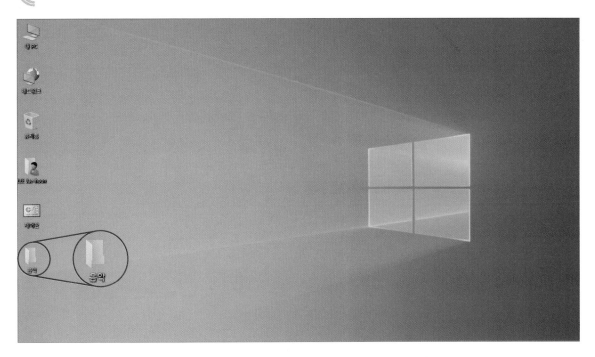

05 이번에는 바탕 화면에서 마우스만을 이용해서 바로 폴더를 만들어 보도록 하겠습니다. 바탕 화면의 빈 곳 중 아무 곳에서 마우스 오른쪽 버튼을 클릭합니다. 바로 가기 메뉴가 나타나면 [새로 만들기]-[폴더]를 선택합니다.

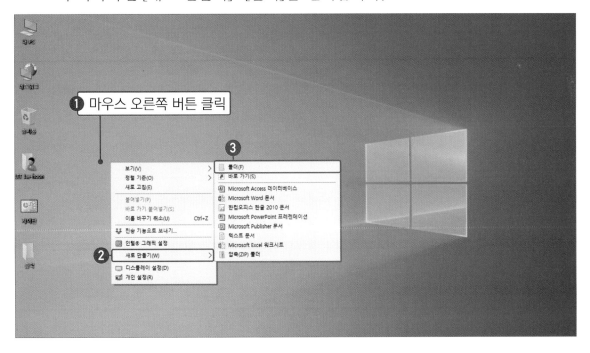

06 새 폴더가 생성되면 폴더의 이름을 '여행'으로 입력합니다.

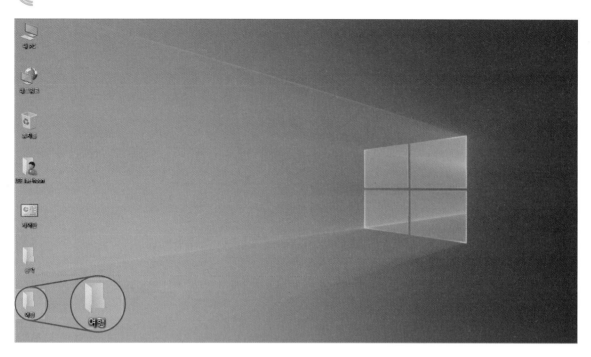

· · · ·
Step 03　복사 및 이동하기

만들어진 폴더와 파일은 필요에 따라 복사, 이동을 할 수 있습니다. 임의의 파일을 활용하여 복사와 이동하는 방법을 살펴보도록 합니다.

01 작업 표시줄의 📁(파일 탐색기)를 클릭해 [파일 탐색기] 창을 열고, 복사할 파일이 있는 폴더(여기서는 [예제음악] 폴더)로 경로를 찾아 이동합니다. 여기서는 윈도우가 설치된 드라이브(C:)와 다른 드라이브(D:)에 있는 자료를 가지고 진행합니다.

> **잠깐!** 실습을 위해 'www.edusd.co.kr'의 자료실에서 교재에서 사용한 파일이 들어 있는 폴더를 제공하고 있습니다. 준비 파일은 p.5의 **예제파일 다운로드**를 참조하여 컴퓨터에 저장한 후, p.45의 **Step 05 ㅣ 파일 압축 풀기**를 참조하여 압축을 해제해 활용하도록 합니다. 개인용 USB에 자료를 보관하고 실습해 봅니다.

> **잠깐!** 드라이브
>
> 컴퓨터에서 '드라이브'는 저장 장치의 물리적 단위입니다. 저장 장치를 하나 더 추가하면 드라이브가 하나 추가된다고 보면 됩니다. '파티션'이라 해서 하나의 물리적 장치를 두 개 이상의 장치로 인식시킬 수도 있습니다. 각 장치마다 A부터 Z까지 알파벳을 부여합니다. 저장 장치로는 하드디스크, USB 메모리, DVD-ROM 등 다양한 제품들이 있습니다.
>
>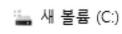

02 바탕 화면으로 복사 또는 이동할 예정이므로 다음과 같이 바탕 화면이 보이도록 창의
크기와 위치를 조정합니다.

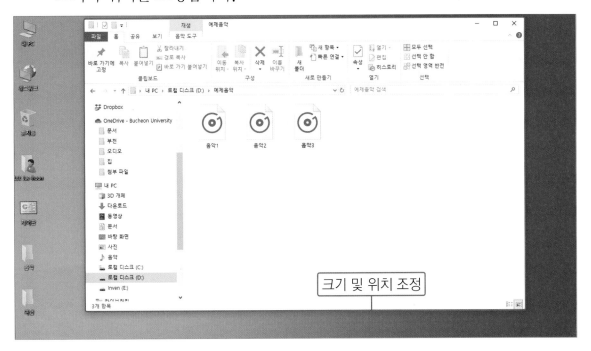

03 다음과 같이 임의의 폴더 속에 들어 있는 파일(여기서는 '음악1' 파일)을 클릭한 채 바
탕 화면의 [음악] 폴더로 마우스 포인터를 이동합니다. 다음과 같이 폴더 위에 파일 이
미지가 올라가면 누르고 있던 마우스 버튼에서 손을 뗍니다.

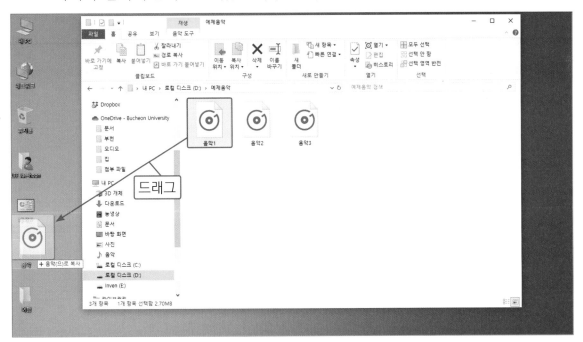

같은 드라이브에 있는 자료로 실습하고 있다면 Ctrl 키를 누른 채 드래그해야 같은 결과를 얻을 수 있습
니다.

04 빈 폴더였던 [음악] 폴더의 아이콘이 바뀌면서 폴더 안에 파일이 있음을 알 수 있습니다. 선택했던 파일(여기서는 [예제음악] 폴더의 '음악1' 파일)도 그대로 존재하는 것을 확인할 수 있습니다.

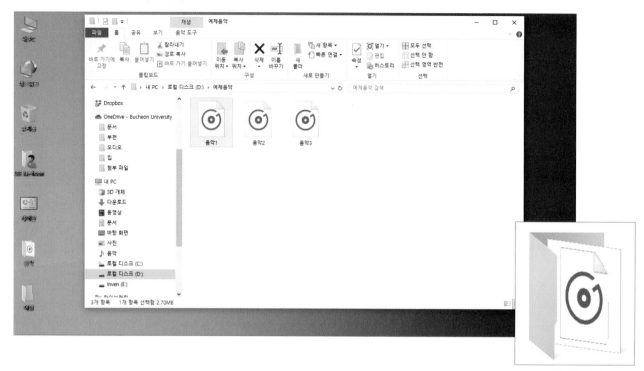

▲ 변경된 폴더의 모습

05 이번에는 다른 방법으로 나머지 파일들(여기서는 [예제음악] 폴더의 '음악2', '음악3' 파일)을 [음악] 폴더로 복사해 봅니다. 다음과 같이 나머지 파일을 선택한 후, 키보드의 Ctrl 키를 누른 채 키보드의 C 키를 누릅니다.

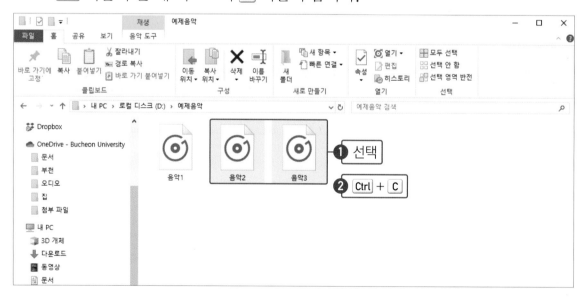

06 오른쪽 상단의 ×(닫기) 버튼을 클릭해 창을 닫습니다.

2개 이상의 파일 또는 폴더 선택 방법

- 방법-1 : 파일을 드래그하여 선택합니다.

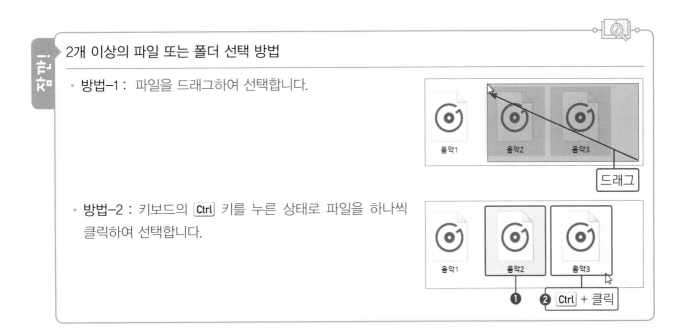

- 방법-2 : 키보드의 Ctrl 키를 누른 상태로 파일을 하나씩 클릭하여 선택합니다.

07 바탕 화면의 [음악] 폴더를 더블 클릭합니다.

08 [음악] 폴더 창이 나타나면 오른쪽의 빈 영역을 클릭한 후, 키보드의 Ctrl 키를 누른 채 키보드의 V 키를 누릅니다.

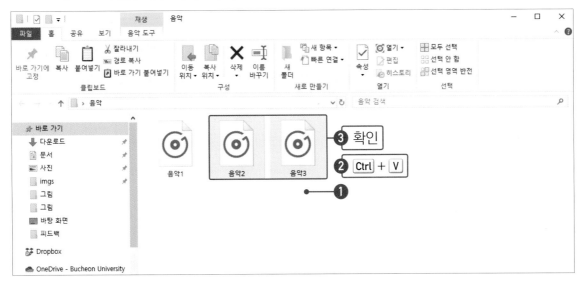

09 이번에는 바탕 화면의 [음악] 폴더 속에 들어 있는 파일(여기서는 '음악3' 파일)을 바탕 화면으로 드래그합니다.

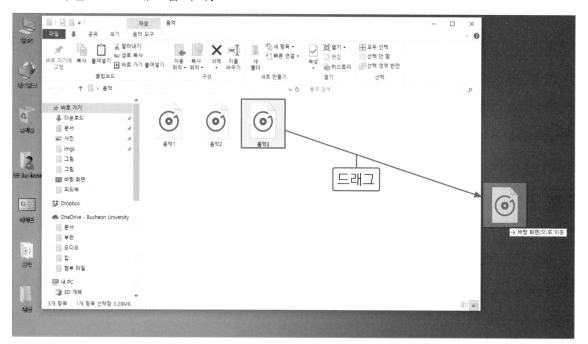

10 선택했던 파일(여기서는 '음악3' 파일)이 [음악] 폴더에서는 사라지고, 바탕 화면으로 이동한 것을 확인할 수 있습니다.

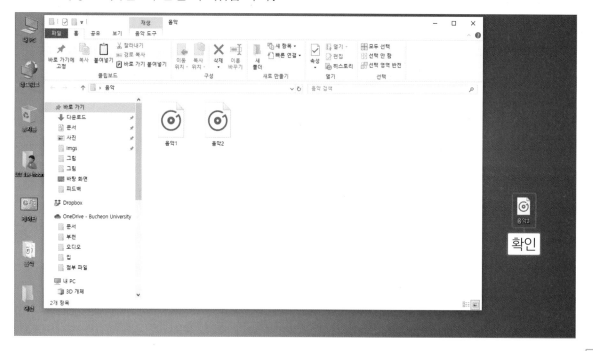

왜 아까는 복사가 돼서 새로운 파일이 만들어졌는데 이번에는 그냥 이동만 한 것일까요? 파일이 저장된 곳과 타깃이 되는 위치가 같은 드라이브에 있다면 이동되고, 다른 드라이브에 있다면 복사가 됩니다. [음악] 폴더가 있는 위치와 바탕 화면의 위치는 'C:로컬디스크'라는 동일한 곳에 위치합니다. 반면 교재 실습 상 사용된 [예제음악] 폴더는 'C:로컬디스크'가 아닌 다른 드라이브(여기서는 'D:' 드라이브로, 사용자 컴퓨터에 따라 E:, F:...가 될 수 있음)에 위치하고 있어 복사가 된 것입니다.

11 바탕 화면으로 이동된 파일(여기서는 '음악3' 파일)을 클릭하고 단축키 `Ctrl` + `X`를 누릅니다. [음악] 폴더로 돌아와 빈 영역을 클릭한 후, `Ctrl` + `V` 키를 누릅니다.

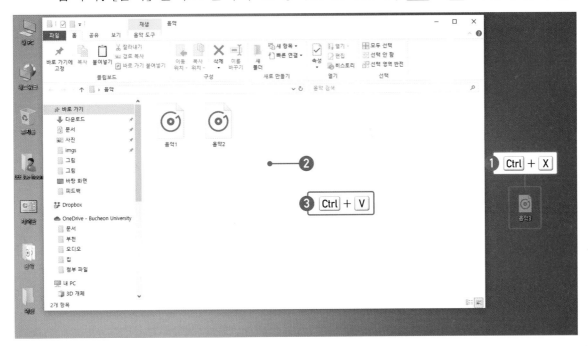

p.36의 **Step 02 | 폴더 만들기**에서 폴더를 만들 때와 같이 복사, 이동, 붙여넣기 기능 역시 마우스 오른쪽 버튼을 클릭했을 때 나타나는 바로 가기 메뉴를 활용해서 사용할 수도 있습니다.

12 바탕 화면에 있던 파일이 이동한 것을 확인할 수 있습니다.

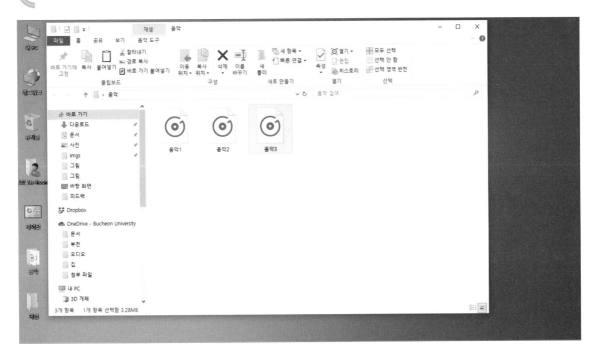

01 [음악] 폴더 안의 '음악1'부터 '음악3'까지를 선택한 후, [공유] 탭−[보내기] 그룹−[압축]을 클릭합니다.

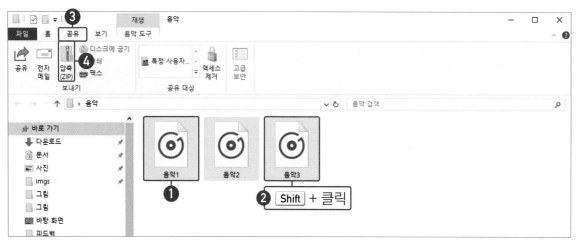

여러 개의 파일 선택 시 떨어진 파일을 선택할 때는 Ctrl 키를 활용하고, 연속된 파일을 선택할 때는 Shift 키를 활용합니다.

02 '음악1'이라는 압축 파일이 만들어진 것을 확인할 수 있습니다. 압축된 파일을 더블 클릭합니다.

03 압축 파일 내에 음악 파일이 3개가 들어 있는 것을 확인할 수 있습니다.

Step 05 파일 압축 풀기

01 압축 파일을 선택하면 '압축 폴더 도구'라는 새로운 메뉴 탭이 나타납니다. [압축 풀기]–[압축 폴더 도구] 탭–[압축 풀기]를 클릭합니다.

02 [압축 폴더 풀기] 대화상자가 나타나면 압축을 풀 위치를 지정하기 위해 [찾아보기] 버튼을 클릭합니다.

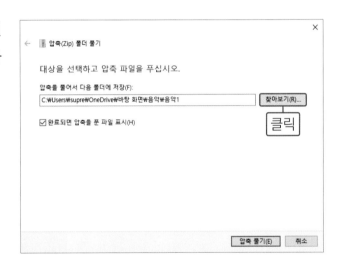

03 [대상을 선택하십시오] 대화상자가 나타나면 탐색 창에서 [바탕 화면]을 선택하여 위치를 지정한 후, [새 폴더]를 클릭해 새 폴더를 생성합니다. 새 폴더의 이름은 '임시'로 입력하고 [폴더 선택] 버튼을 클릭합니다.

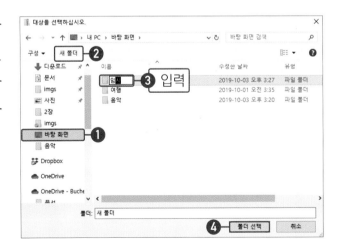

04 [압축 폴더 풀기] 대화상자로 되돌아오면 변경된 경로를 확인한 후, [압축 풀기] 버튼을 클릭합니다. 바탕 화면에 [임시] 폴더가 만들어지고 음악 파일 3개가 들어 있는 것을 확인할 수 있습니다.

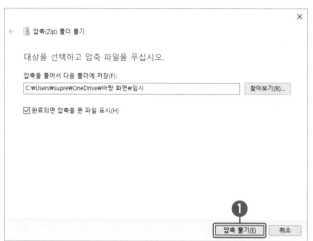

Step 06 파일 완전히 삭제하기

휴지통에 들어간 파일들은 완전히 삭제가 된 것이 아닙니다. 임시로 보관하고 있을 뿐입니다. 그래서 잘못 지운 파일은 복원도 가능합니다. 물론 완전한 삭제도 가능합니다.

01 [임시] 폴더를 바탕 화면의 🗑(휴지통) 아이콘 위로 드래그합니다. 바탕 화면에 있던 [임시] 폴더가 삭제됐습니다. 🗑(휴지통) 아이콘을 더블 클릭합니다.

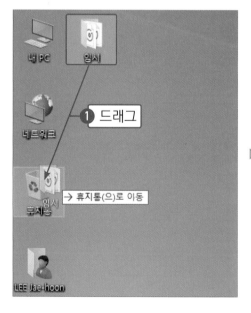

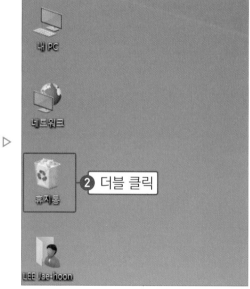

02 [휴지통] 창에 삭제한 [임시] 폴더가 보입니다. [임시] 폴더를 마우스 오른쪽 버튼으로 클릭한 후, [삭제]를 선택합니다.

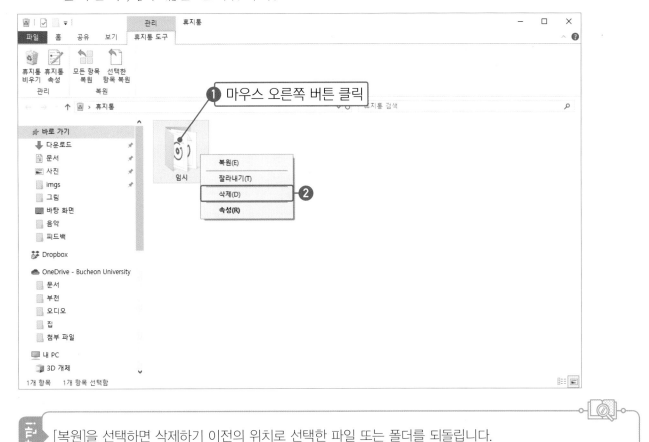

[복원]을 선택하면 삭제하기 이전의 위치로 선택한 파일 또는 폴더를 되돌립니다.

03 휴지통에서 보관하고 있던 파일이 사라졌습니다. 이렇게 삭제된 파일이나 폴더는 복원할 수 없습니다. 이제 오른쪽 상단의 ×(닫기) 버튼을 클릭해 창을 닫습니다.

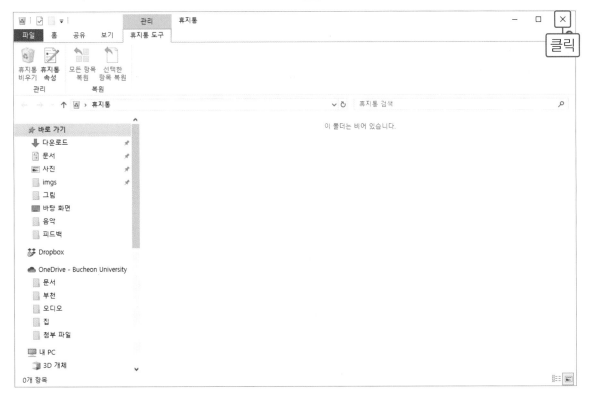

01 바탕 화면에 있는 [여행] 폴더를 더블 클릭합니다. [여행] 폴더 창이 나타나면 안에 [사진 모음]과 [동영상 모음] 폴더를 각각 만듭니다.

02 [사진 모음] 폴더를 탐색 창의 [바로 가기] 위로 드래그합니다. 바로 가기 목록에 '사진 모음' 항목이 나타납니다.

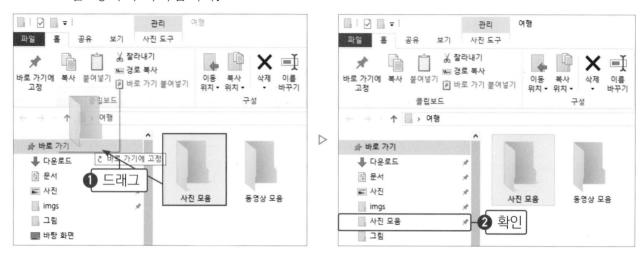

03 [여행] 폴더 창을 닫고, 바탕 화면의 [음악] 폴더를 더블 클릭해서 엽니다.

04 [음악] 폴더 창이 나타나면 왼쪽 탐색 창의 [바로 가기]에서 [사진 모음]을 클릭합니다.

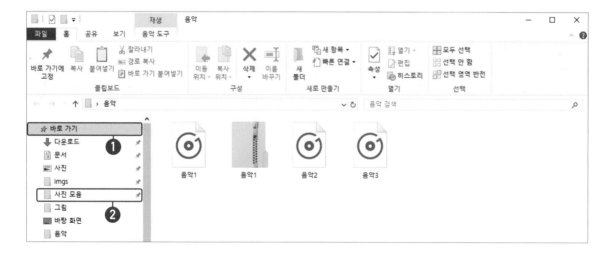

05 [여행] 폴더를 거치지 않고 바로 이동할 수 있습니다. 바로 가기에 목록이 없었다면 '바탕 화면 → 여행 → 사진 모음' 순으로 클릭해야 했겠지만, 1번으로 클릭 수가 줄어든 것을 확인할 수 있습니다. 폴더 창을 닫습니다.

01 바탕 화면의 [음악] 폴더를 마우스 오른쪽 버튼으로 클릭한 후, [라이브러리에 포함]–[음악]을 선택합니다.

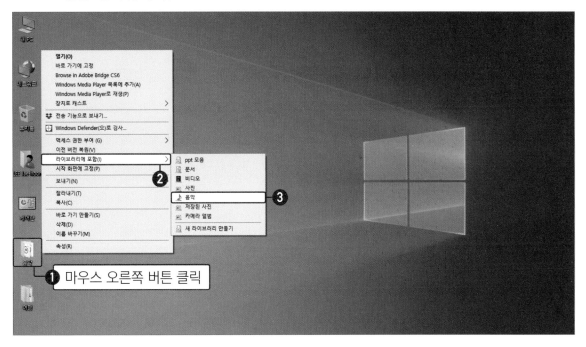

02 작업 표시줄의 📁(파일 탐색기)를 클릭해 [파일 탐색기] 창을 열고, 탐색 창의 [라이브러리]에서 [음악]을 클릭합니다. 방금 링크시킨 [음악] 폴더의 음악 파일들이 보입니다. 이렇게 다른 위치의 음악 파일을 [음악] 폴더로 링크해 두면 한 곳에서 편하게 볼 수가 있습니다.

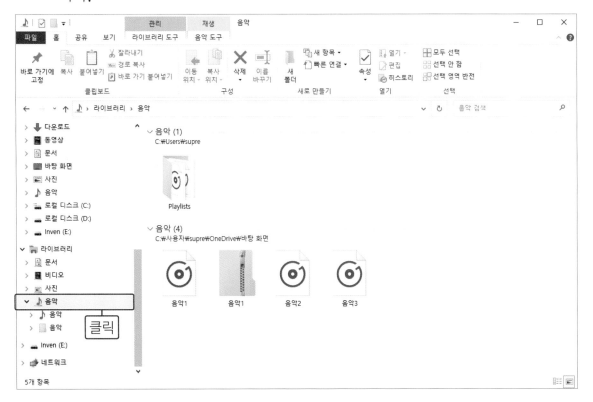

03 기본 제공된 라이브러리 항목 외에도 원하는 항목을 추가로 만들 수 있습니다. 탐색 창의 [라이브러리]를 마우스 오른쪽 버튼으로 클릭한 후, [새로 만들기]-[라이브러리]를 선택합니다.

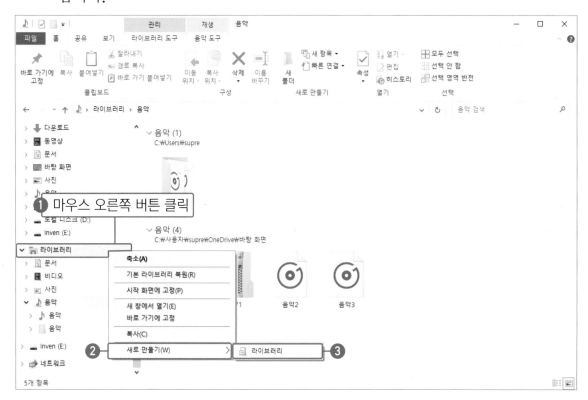

04 라이브러리에 새 항목이 추가됩니다. 이름을 'ppt모음'으로 변경합니다.

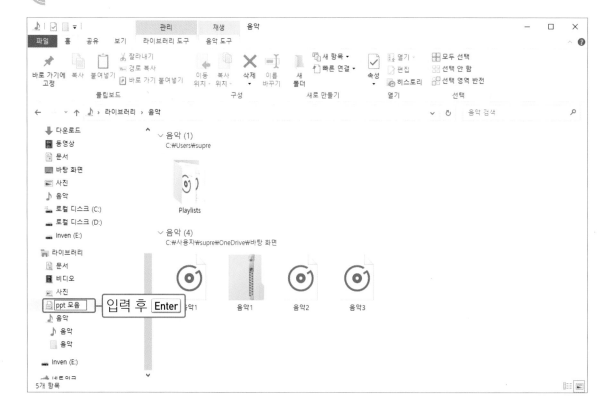

05 탐색 창에서 [라이브러리]를 클릭하면 'ppt 모음'이라는 새 라이브러리가 생긴 것을 확인
할 수 있습니다. 여기저기 흩어져 있는 ppt 자료들을 여기로 링크시키면 한 곳에서 관리
할 수 있게 됩니다.

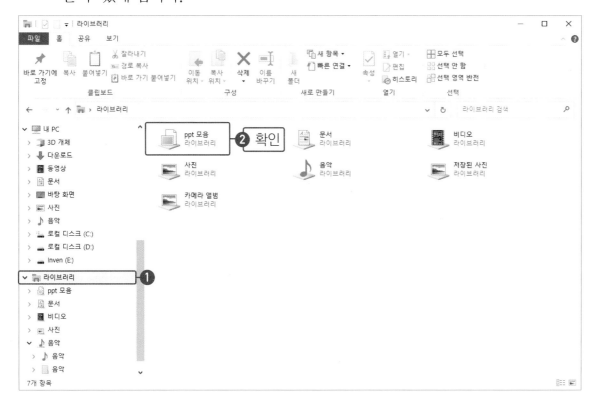

06 라이브러리에 추가한 폴더를 항목에서 제거하고 싶은 경우에는 상위 항목을 마우스 오
른쪽 버튼으로 클릭한 후 [속성]을 선택합니다. [속성] 대화상자가 나타나면 삭제하고
싶은 폴더를 선택한 후, [제거] 버튼을 클릭하고 [확인] 버튼을 클릭합니다.

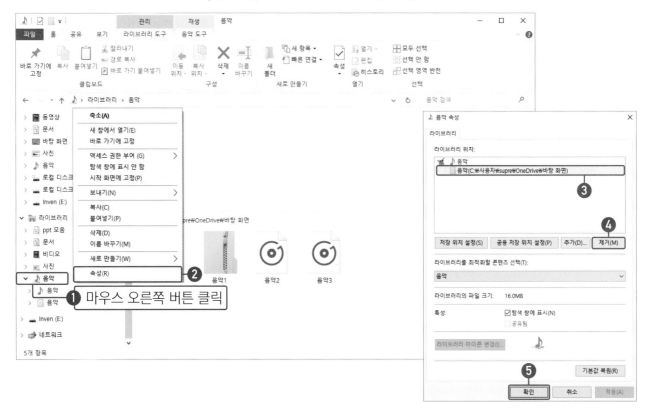

1 여행 사진을 바탕 화면의 [여행] 폴더 내 [사진 모음] 폴더로 복사해 정리해 봅니다. 동영상 파일들은 [동영상 모음] 폴더로 복사해 봅니다.

준비파일 [예제사진] 폴더, [예제동영상] 폴더

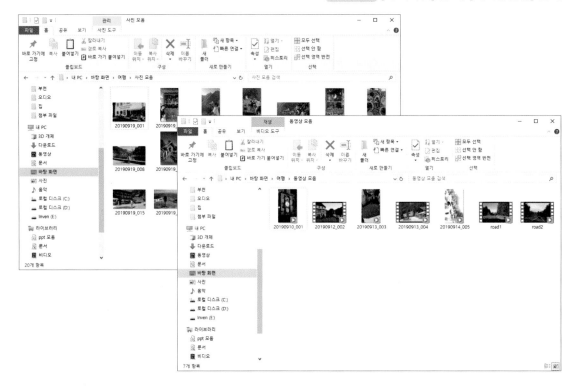

2 문제 [1]에서 작업한 [사진 모음] 폴더의 사진들을 다음과 같은 작은 아이콘으로 표시하고, 사진을 클릭하여 오른쪽의 미리 보기 창으로 확인해 봅니다.

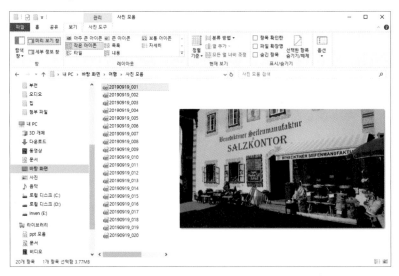

> **힌트**
> • 작은 아이콘 보기 : [보기] 탭–[레이아웃] 그룹–[작은 아이콘] 클릭
> • 미리 보기 창 표시 : [보기] 탭–[창] 그룹–[미리 보기 창] 클릭

3 문제 [1]에서 작업한 [사진 모음]과 [동영상 모음] 폴더를 각각 라이브러리 안의 '사진'과 '비디오'에 추가해 봅니다.

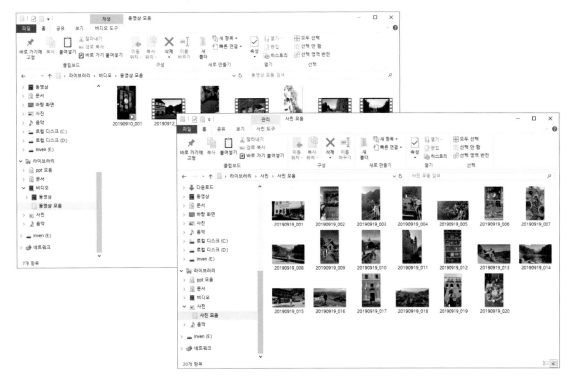

4 바탕 화면에 만들어 놓은 [음악] 폴더와 [여행] 폴더를 삭제하고 '휴지통 비우기'를 실행해 봅니다.

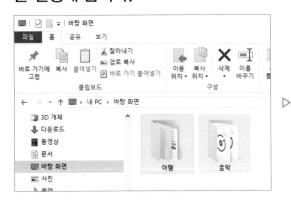 

바탕 화면의 휴지통 아이콘을 마우스 오른쪽 버튼으로 클릭한 후, [휴지통 비우기]를 선택해도 됩니다.

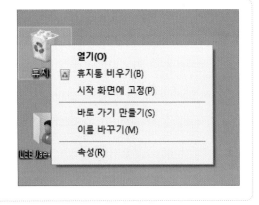

03 내 컴퓨터가 위험해

학습 포인트

- 윈도우 10 보안 설정
- Windows 업데이트
- 최신 상태 유지
- 바이러스 검사

- 실시간 보호
- 랜섬웨어 방지
- 백업

컴퓨터는 항상 위험에 노출되어 있습니다. 하지만, 든든하게도 윈도우 10에는 사용자를 도와 스스로를 점검하고 예방할 수 있는 도구들이 내장되어 있습니다. 이번 장에서는 내 컴퓨터를 안전하게 지키는 방법들에 대해서 알아보도록 하겠습니다.

미 리 보 기

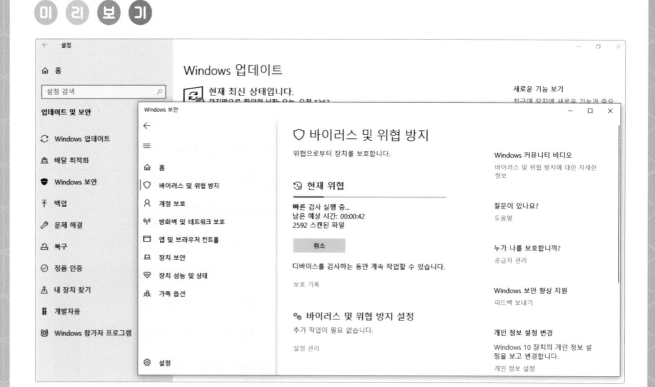

⊙ 준비물 : USB 메모리

Step 01 컴퓨터가 아픈 이유

많은 사람들이 '인터넷을 하려고 컴퓨터를 산다'고 할 정도로 요즘은 인터넷이 안 되는 컴퓨터는 찾아 보기가 힘이 듭니다. '인터넷'은 전 세계 컴퓨터를 연결하고 있습니다. 사람들도 외부와 잦은 접촉을 하다 보면 감기 같은 질환을 앓게 되는 경우가 많듯이 인터넷을 사용(사이트 방문, 메일 확인 등)하다 보면 컴퓨터도 바이러스에 걸리기 쉽습니다. 가볍게는 인터넷만 느리게 하는 정도일 수 있지만, 심할 경우는 컴퓨터를 통째로 삭제한다거나 나도 모르게 해커의 해킹 도구로 내 컴퓨터가 쓰일 수도 있습니다.

컴퓨터는 바이러스에 의해서만 위험해지는 것은 아닙니다. 모든 공산품들이 약간씩의 결함이나 하자가 있듯이 컴퓨터 소프트웨어들도 결함이 있을 수 있습니다. 시스템 자원을 비정상적으로 차지한다거나 외부에서 쉽게 침투할 수 있는 보안상 중대한 결함이 있을 수도 있으며, 특징 소프트웨어가 실행이 안 될 수도 있습니다.

다행히 소프트웨어는 공장으로 들어가지 않아도 '업데이트'를 통해 집에서도 수정할 수 있습니다. 보고되는 결함들은 마이크로소프트(Microsoft) 회사에서 모니터링 하고 있다가 수시로 업데이트 파일을 마련해 줍니다. 사용자들은 이런 업데이트를 통하여 자신의 컴퓨터를 최신으로 수정할 수 있으며, 보고되는 신종 바이러스로부터도 안전하게 지킬 수 있습니다.

어떻게 해야 안전하게 컴퓨터를 사용할 수 있을까요? 우리 몸도 감기에 걸리지 않으려면 미리미리 면역력을 길러 놓는다거나 예방접종을 하듯이 컴퓨터도 우선 예방을 하는 게 가장 좋습니다. '백신' 프로그램이라 불리는 안티 바이러스 소프트웨어를 설치하면 실시간으로 바이러스를 감시할 뿐 아니라 감염된 파일도 치료해 줍니다. 많은 백신 프로그램들은 대부분 유료이고, 소프트웨어의 덩치가 커 저사양의 컴퓨터에서는 자원을 많이 차지하기도 합니다. 그래서 윈도우 10에는 기본적으로 'Windows 보안'이라는 백신 프로그램을 제공하고 있습니다. 전문가들 사이에서 평점도 높게 받고 있습니다. 일반 사용자는 이 정도만 사용해도 자신의 컴퓨터를 충분히 안전하게 지킬 수 있습니다.

① **바이러스 및 위협 방지** : 컴퓨터에 있을지 모를 바이러스와 해킹 도구를 검사하고 실시간 감시합니다.

② **계정 보호** : 마이크로소프트(Microsoft) 계정이 있다면 윈도우와 연동해 개인정보를 안전하게 지킬 수 있으며 윈도우 로그인 시 암호 외에 다양한 로그인 옵션을 제공합니다.

③ **방화벽 및 네트워크 보호** : 안전한 네트워크를 하기 위한 네트워크 방화벽 설정 기능들입니다.

④ **앱 및 브라우저 컨트롤** : 윈도우에 설치된 앱들과 인터넷 브라우저인 엣지(Edge)를 통제하고 설정합니다.

⑤ **장치 보안** : 윈도우가 설치된 시스템의 장치 보안에 관련된 부분입니다. 노트북이나 완제품 PC면 3가지 항목이 활성화 됩니다.

⑥ 장치 성능 및 상태 : 윈도우가 설치된 장치를 모니터링 하면서 상태를 보고해 줍니다.

⑦ 가족 옵션 : 가족들, 특히 어린 아이들이 컴퓨터를 안전하게 사용할 수 있도록 컴퓨터의 사용 시간 및 인터넷 제한 등을 설정합니다.

Step 03 데이터 안전 보관함, 백업

아무리 완벽하게 컴퓨터를 세팅했다 하더라도 그건 혼자만의 생각일 뿐입니다. 컴퓨터 세상에서 완벽이란 것은 없습니다. 갑자기 잘 돌아가던 저장 매체가 과열로 손상될 수 있으며, 사용자나 사용자 지인의 실수로 중요한 파일이 삭제될 수도 있습니다. 또 보고되지 않은 신종 바이러스의 출현으로 데이터가 몽땅 삭제될 수도 있습니다. 요즘은 내 컴퓨터에 있던 파일들을 낚아채 압축해 놓고 거기에 비밀번호를 걸어 버린 후, 압축을 풀고 싶으면 돈을 내라고 하는 '랜섬웨어'가 활동하고 있습니다. 이런 상황에서는 백신 프로그램도 최신 업데이트도 소용이 없습니다. 미리미리 예방할 수밖에 없습니다.

'데이터들은 언제든지 잃어버릴 수 있다'는 것을 항상 염두에 두고 중요한 파일들을 '백업'이라는 과정을 통해 안전하게 보관해 두는 것이 좋습니다. 그래서 데이터들이 삭제되거나 나쁜 놈들에 의해 인질로 잡혔다 하더라도 최근 백업해 놓은 데이터들을 불러와 사용하면 되는 것입니다.

윈도우 10에서는 '파일 히스토리'를 만들어 백업을 합니다. 사용자가 만드는 파일의 버전을 기록으로 남겨 둡니다.

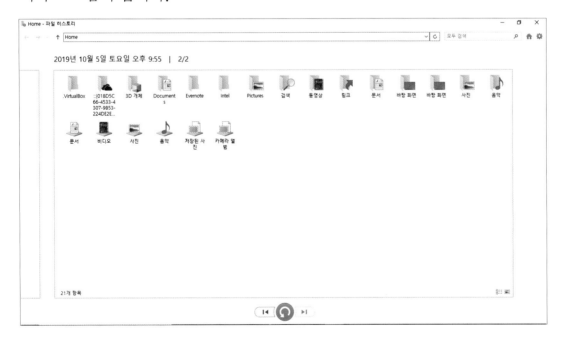

Step 01 윈도우 보안 설정 살펴보기

01 [시작(⊞)]−[설정(⚙)]을 클릭합니다. [설정] 창이 나타나면 [Windows 설정] 화면에서 [업데이트 및 보안]을 클릭합니다.

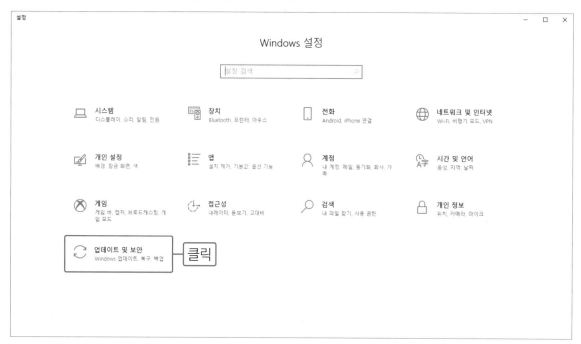

참깐! [Windows 설정] 화면의 검색 창에 '업데이트'라고 입력합니다. 검색 목록에서 [업데이트 확인]을 선택해도 동일한 결과가 나옵니다.

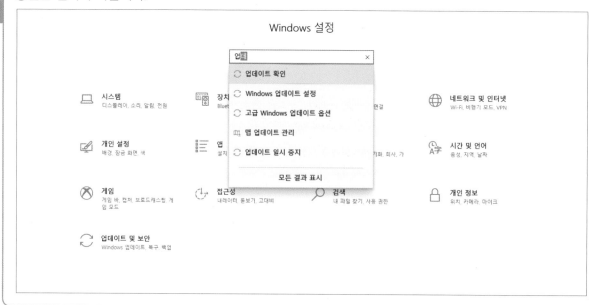

02 Windows 업데이트와 관련된 항목들이 보이고 마지막으로 업데이트한 날짜가 보입니다. 윈도우 10은 자동으로 업데이트를 진행합니다. 사용자가 일부러 할 필요는 없지만 업데이트 날짜가 오래된 것 같다면 [업데이트 확인] 버튼을 클릭합니다.

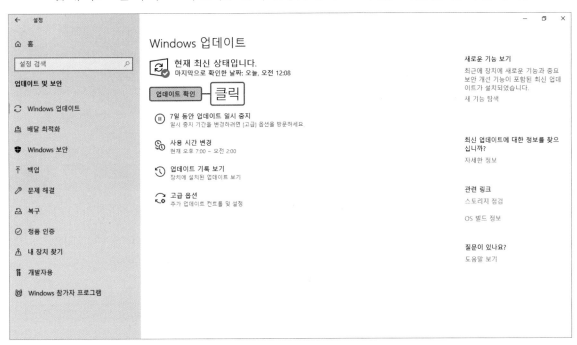

03 업데이트 항목이 있다면 설치가 진행됩니다.

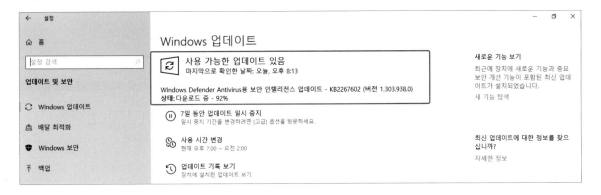

04 업데이트에 대해 윈도우 10은 몇 가지 옵션을 제공합니다. [7일 동안 업데이트 일시 중지]를 클릭합니다. 말 그대로 일주일 간 업데이트를 하지 않습니다. 7일이 지나면 다시 작동합니다.

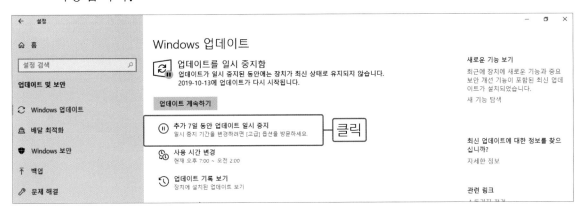

05 [업데이트 계속하기] 버튼을 클릭하여 일시 중지를 취소합니다. 컴퓨터를 사용하는 동안에는 재부팅을 못하도록 설정하기 위해 [사용 시간 변경]을 클릭합니다.

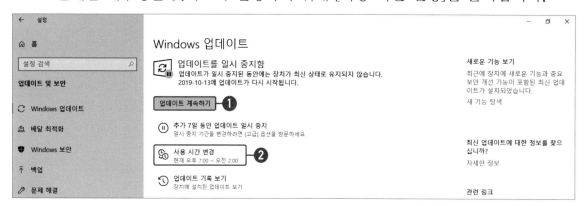

06 [활동을 기준으로 이 장치의 사용 시간을 자동으로 조정]을 '켬'으로 설정합니다. 이제 윈도우는 사용자의 컴퓨터 사용 시간을 분석해 자동으로 시간을 맞추어 줍니다.

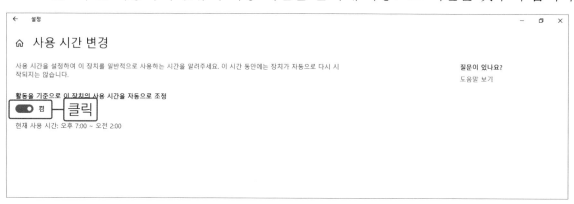

07 원하는 시간에만 업데이트를 못하게 하고 싶다면 [활동을 기준으로 이 장치의 사용 시간을 자동으로 조정]을 '끔'으로 설정한 후, 현재 사용 시간 옆의 [변경]을 클릭합니다. 시작 시간과 종료 시간을 설정한 후, [저장] 버튼을 클릭합니다. 사용 시간을 설정했으면 ←(뒤로)를 클릭합니다.

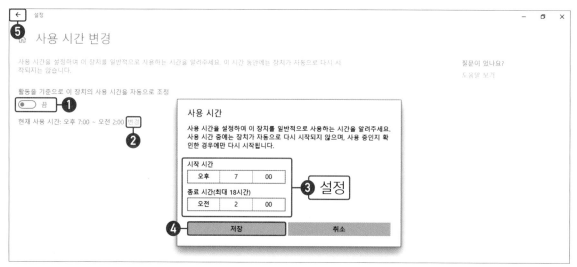

[Windows 업데이트] 화면에서 [고급 옵션]을 클릭하면 좀 더 세부적으로 업데이트를 설정할 수 있습니다.

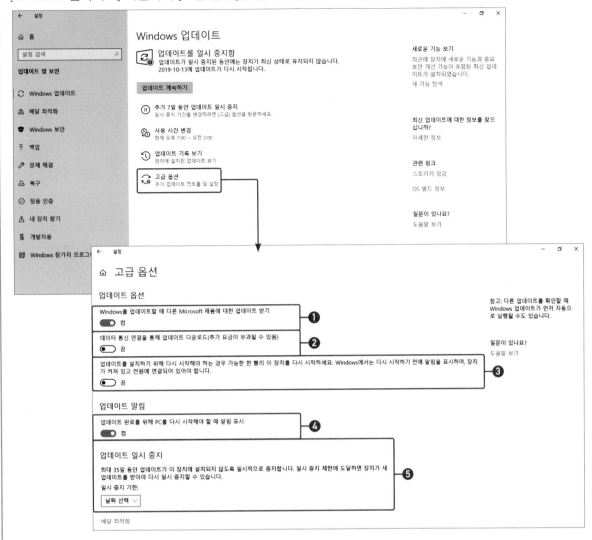

① 윈도우뿐만 아니라 같은 마이크로소프트(Microsoft)사의 제품들이 설치되어 있다면 함께 업데이트를 진행합니다.

② 노트북이나 태블릿 PC 사용 시 무선 인터넷(Wi-fi)이 아닌 통신사 USIM을 통해 업데이트를 진행할 수도 있습니다.

③ 노트북이나 태블릿 PC처럼 전원이 아닌 배터리로 작동할 때는 업데이트를 하지 않도록 설정할 수 있습니다.

④ 업데이트를 위해 컴퓨터를 다시 시작할 때 사용자에게 알림을 띄어 줍니다.

⑤ 특정한 날짜에는 업데이트를 하지 못하도록 합니다.

컴퓨터가 간혹 의심스럽다면 보안 기능들이 잘 작동하고 있는지 확인해 볼 필요가 있습니다.

01 왼쪽 목록에서 [Windows 보안]을 선택합니다.

02 윈도우의 각종 보안에 관련된 사항들이 보입니다. 윈도우가 자체적으로 보호하고 있는 영역들의 현재 상태를 보여주고 있습니다. 이 영역들을 실시간으로 감시하면서 이상 징후가 나타나면 '작업이 권장됩니다'라고 메시지를 띄웁니다.

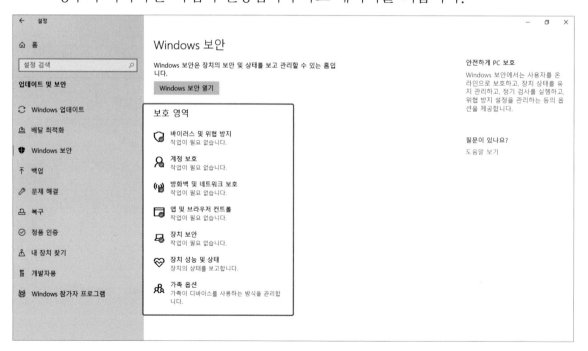

바이러스 및 위협 방지하기

01 [Windows 보안 열기] 버튼을 클릭합니다.

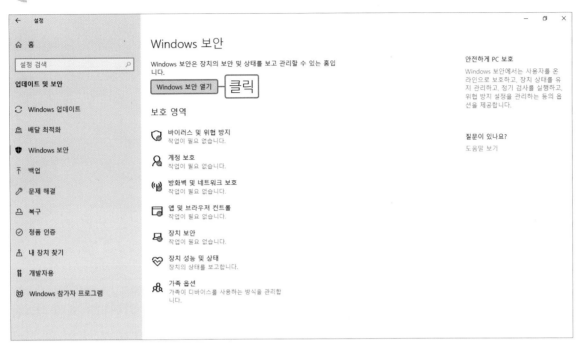

• 작업 표시줄의 오른쪽에 ⌃(숨겨진 아이콘 표시)를 클릭하면 'Windows 보안'으로 한 번에 갈 수 있는 아이콘이 있습니다.

• 'Windows 보안'은 설정이 아니라 별도의 앱입니다. 그래서 작업 표시줄을 보면 ⚙(설정)과는 다른 앱 아이콘이 나타납니다.

02 [Windows 보안] 창이 나타나면 [바이러스 및 위협 방지]를 선택합니다.

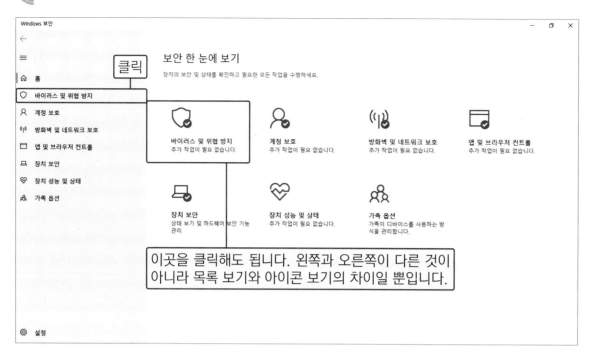

03 오른쪽 화면이 변경됩니다. [바이러스 및 위협 방지] 화면의 [현재 위협]을 보면 내 컴퓨터에 바이러스가 있는지 여부를 보여 줍니다. 사용자가 특별히 신경 쓰지 않아도 자동으로 작업이 수행됩니다. 직접 검사를 실행하려면 [빠른 검사] 버튼을 클릭합니다. 내 컴퓨터의 저장 장치를 빠르게 스캔하면서 바이러스를 검출합니다.

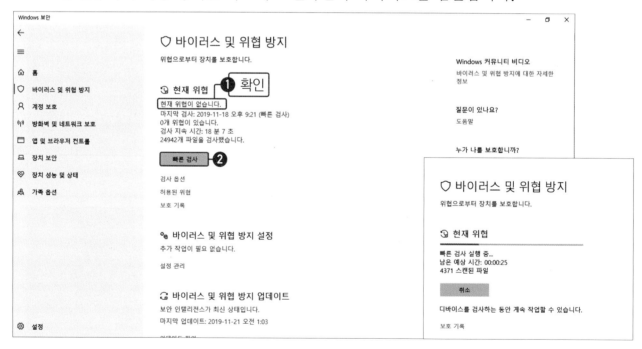

04 위협 항목이 있다면 권장 작업을 시작하라는 메시지와 함께 [작업 시작] 버튼이 생성됩니다.

05 검사 방식의 옵션을 바꾸고 싶다면 [현재 위협]의 [검사 옵션]을 클릭합니다.

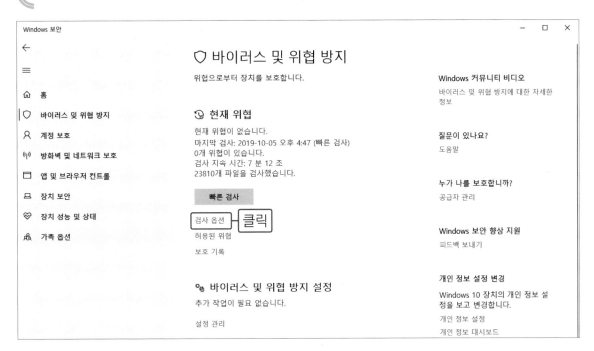

06 [검사 옵션] 화면이 나타납니다. 원하는 옵션을 선택하여 윈도우가 검사하는 방식을 설정할 수 있습니다. 기본은 '빠른 검사'로 되어 있습니다. 기본인 상태로 두고 ⬅(뒤로)를 클릭해 이전 화면으로 돌아갑니다.

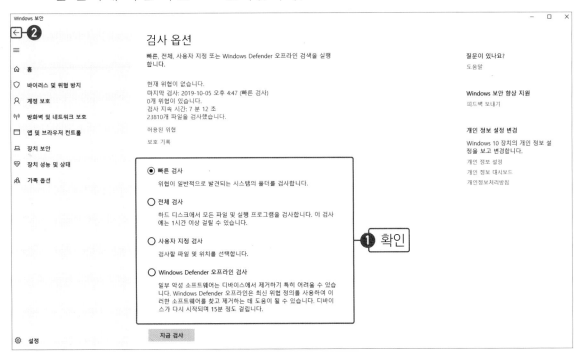

'전체 검사'를 선택하게 되면 컴퓨터가 느려지는 상태가 발생할 수 있으며, 저장 장치의 수명을 단축시킬 수 있습니다. 바이러스 검사는 주기적으로 윈도우가 스스로 검사하기 때문에 기본은 '빠른 검사'로 두고 '전체 검사'는 가끔 한 번씩 사용자가 수동으로 해주는 것을 권장합니다.

07 [바이러스 및 위협 방지 설정]의 [설정 관리]를 클릭합니다.

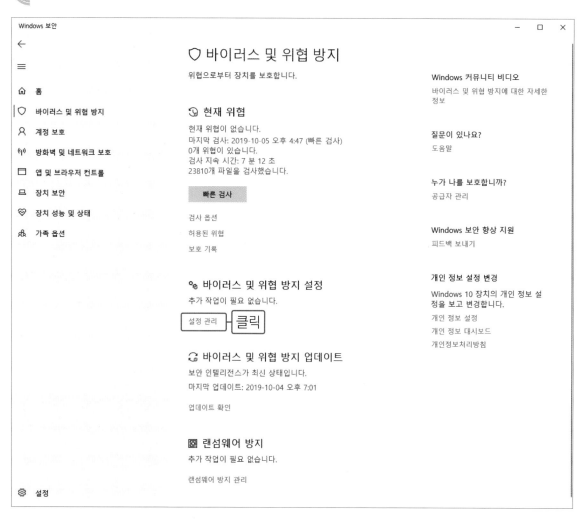

08 [바이러스 및 위협 방지 설정] 화면이 나타납니다. 컴퓨터가 백그라운드에서 실시간으로 모니터링 할 수 있도록 [실시간 보호]가 '켬'으로 설정되어 있습니다. [실시간 보호]의 '켬'을 클릭하여 '끔'으로 변경합니다.

09 디바이스 변경 허용 유무를 묻는 창이 나타나면 [예] 버튼을 클릭합니다. 각종 경고와 알림이 동작하는 것을 확인할 수 있습니다. [실시간 보호]의 '끔'을 클릭하여 다시 '켬'으로 변경한 후, ←(뒤로)를 클릭해 이전 화면으로 돌아갑니다.

10 [바이러스 및 위협 방지 업데이트]의 업데이트 날짜를 확인한 후, 마지막 업데이트 날짜가 오래된 듯 하다면 [업데이트 확인]을 클릭합니다.

11 [보호 업데이트] 화면이 나타나면 [업데이트 확인] 버튼을 클릭하여 업데이트를 진행한 후, ←(뒤로)를 클릭해 이전 화면으로 돌아갑니다.

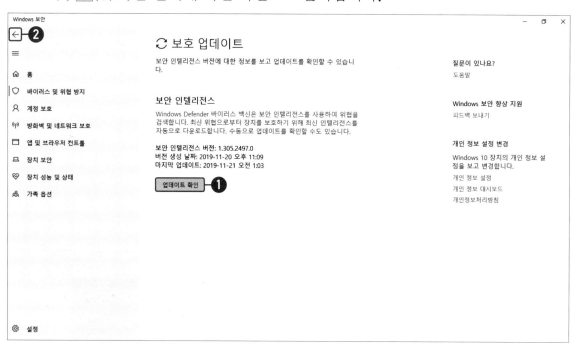

12 [랜섬웨어 방지]에서 [랜섬웨어 방지 관리]를 클릭합니다.

13 [랜섬웨어 방지] 화면이 나타나면 [제어된 폴더 액세스]를 확인한 후, '끔'으로 설정되어 있다면 '켬'으로 설정합니다. [보호된 폴더]를 클릭합니다.

14 디바이스 변경 허용 유무를 묻는 창이 나타나면 [예] 버튼을 클릭합니다. [보호된 폴더] 화면이 나타나고, 보호되고 있는 폴더 목록이 보입니다. 추가하고 싶은 폴더가 있다면 [보호된 폴더 추가]를 클릭해서 원하는 폴더를 지정할 수 있습니다. 설정이 끝났다면 [Windows 보안] 창의 ×(닫기) 버튼을 클릭합니다.

01 [설정] 창의 왼쪽 목록에서 [백업]을 선택합니다. [백업] 화면이 나타나면 [드라이브 추가]를 클릭합니다. [드라이브 선택]에서 원하는 드라이브를 선택합니다. 여기서는 USB 메모리 드라이브를 선택합니다.

'드라이브 선택'이 보이질 않아요.

이미 백업 드라이브가 선택되어진 상태입니다. 바로 **02**의 '기타 옵션' 설정 과정을 진행하면 됩니다.

• 윈도우가 설치된 'C:로컬 디스크'는 백업 장치로 사용할 수 없습니다. 여유의 드라이브가 없다면 USB 메모리를 컴퓨터에 꽂아 연습해 봅니다.
• 사용자에 따라 USB 메모리 드라이브의 알파벳과 이름은 다를 수 있습니다.

02 [자동으로 파일 백업]이 '켬'으로 자동 설정됩니다. '파일 히스토리' 기능이 작동을 시작하여 기본적으로 사용자의 '라이브러리'와 '바탕 화면', '즐겨찾기'에 한해 백업을 합니다. 사용자가 추가하거나 제외할 수 있습니다. 이제 [기타 옵션]을 클릭합니다.

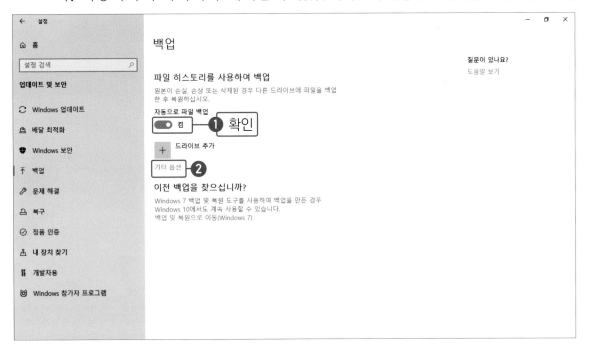

03 [백업 옵션] 화면이 나타납니다. [이 폴더 백업]의 목록에 있는 폴더 중 백업할 필요가 없다고 판단되는 폴더가 있다면 백업 항목에서 뺄 수 있습니다. 제거할 항목(여기서는 '저장된 게임')을 선택한 후 [제거] 버튼을 클릭합니다.

04 백업된 파일을 복원시켜 보도록 하겠습니다. [현재 백업에서 파일 복원]을 클릭합니다.

05 [파일 히스토리] 창이 나타나고, 백업된 폴더들이 보입니다. 복원하고 싶은 폴더나 파일들이 있다면 선택한 후 ⊙(복원하기) 버튼을 클릭합니다.

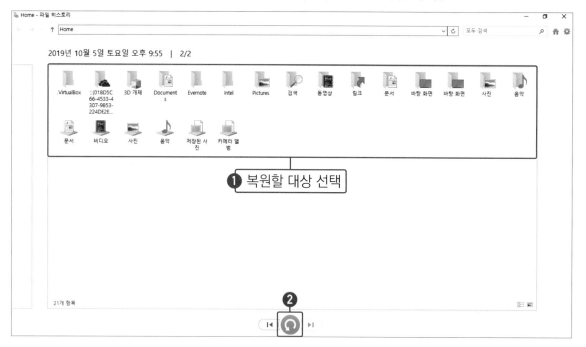

06 [파일 히스토리] 창과 [설정] 창의 ×(닫기) 버튼을 각각 클릭합니다.

1 Windows 업데이트를 위한 컴퓨터의 사용 시간을 오전 8시에서 오후 6시 사이로 직접 지정해 봅니다.

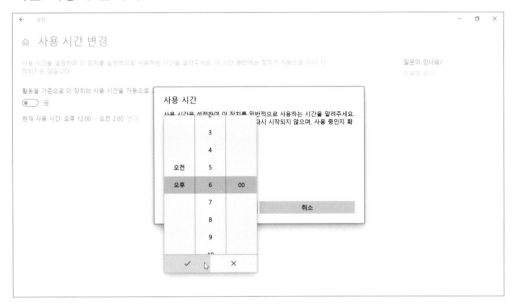

힌트 [설정] 창의 [Windows 업데이트]에서 [사용 시간 변경]을 클릭 → [변경]을 선택한 후 설정

2 'Windows 보안' 기능을 활용하여 임의의 폴더를 선택하여 현재 바이러스 및 위협이 있는지 검사해 봅니다.

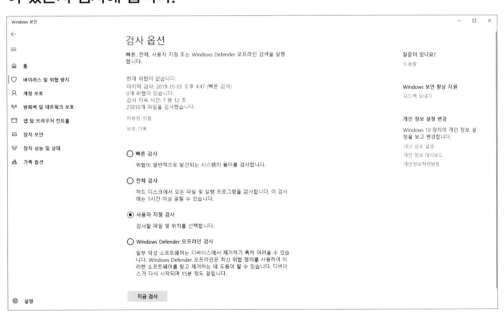

힌트 [Windows 보안] 창의 [바이러스 및 위협 방지]에서 [검사 옵션]을 클릭 → [사용자 지정]을 선택 → [지금 검사] 버튼을 클릭→ [폴더 선택] 대화상자에서 폴더 선택

3 백업 주기를 '매일'로 변경해 봅니다.

[설정] 창의 [백업]에서 [기타 옵션]을 클릭 → [파일 백업]을 선택한 후 설정

4 [여행 사진] 폴더를 백업 파일 목록에서 제외시켜 봅니다.

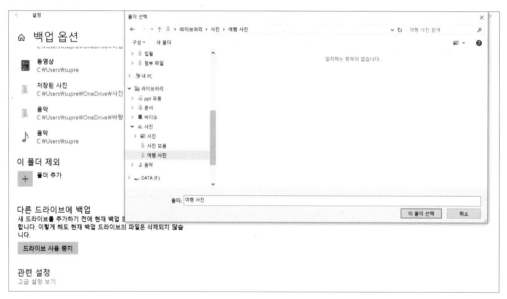

• 사용자 컴퓨터의 '라이브러리'에 '여행 사진' 폴더가 없다면 폴더를 생성한 후 실습해 봅니다.

• [백업 옵션]의 [이 폴더 제외]에서 [폴더 추가] 클릭 → [폴더 선택] 대화상자에서 선택

04 구름 속 내 컴퓨터

학습 포인트

- 클라우드 컴퓨터
- 네이버 클라우드
- 파일 업로드
- 파일 다운로드
- 클라우드 동기화
- 로그아웃

인터넷의 발전과 노트북, 스마트폰 및 태블릿 PC등의 경량화 된 컴퓨터들로 인해 이제는

이동을 하면서 컴퓨터를 사용하는 것이 어렵지 않은 세상이 되었습니다. 이번 장에서는

장치 간의 빠른 데이터 이동과 데이터를 안전하게 보관할 수 있는 클라우드 서비스에 대

해 알아보도록 하겠습니다.

◉ 준비파일 : [예제사진] 폴더

컴퓨터의 저장매체 기술은 열쇠고리처럼 작은 크기에 대용량의 자료를 담아 들고 다닐 수 있을 정도로 발전하였지만 분실이나 고장, 바이러스 감염 등의 위험으로부터는 자유롭지 못합니다. 이런 단점을 극복하면서 정말 편하게 사용할 수 있는 저장매체가 바로 '클라우드 서비스('클라우드 저장소'라고도 불림)'입니다. 인터넷이 되고 자신의 계정만 있으면 언제 어디서나 접속해서 사용해서 사용할 수 있습니다.

다양한 업체에서 클라우드 서비스를 하고 있고, 구글이나 마이크로소프트, 네이버 등 신뢰도 높은 회사들이 인기를 얻고 있습니다.

'네이버 클라우드'는 '파일 탐색기'와 매우 비슷합니다. 그냥 '파일 탐색기'를 네이버 온라인 버전으로 옮겨 놨다 생각하면 됩니다. 네이버(www.naver.com) 홈페이지에서 '네이버 클라우드' 서비스를 찾아 선택하거나 'cloud.naver.com'으로 바로 접속할 수 있습니다.

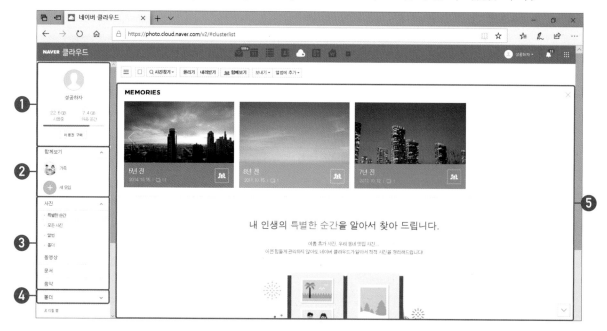

❶ 나의 네이버 계정을 보여 줍니다. 프로필 사진을 설정할 수 있으며, 현재 클라우드의 사용량을 확인할 수 있습니다.

❷ 사진이나 동영상, 문서 파일 등을 공유할 수 있습니다. 함께하고 싶은 이가 있고, 네이버 계정이 있다면 내가 올리는 사진 등을 공유하는 사람과 함께 볼 수 있습니다.

③ 파일 탐색기의 '라이브러리'와 같습니다. 내가 업로드하는 파일들에서 사진, 동영상, 음악, 문서를 분류한 다음 자동으로 모아 보여 줍니다.

④ 파일 탐색기처럼 폴더를 만들고 복사하고 삭제할 수 있습니다. 저장하고 싶은 파일을 업로드할 수 있고, 사용하고 싶은 파일을 다운로드할 수 있습니다.

⑤ 파일 탐색기의 파일 영역과 같은 역할을 합니다. 폴더와 파일의 내용을 보여 줍니다.

> **조금 더** 네이버 클라우드는 기본 30GB를 무료로 제공합니다. 저장 공간을 늘리고 싶으면 유료로 구입을 하여 금액에 따라 저장 공간을 늘릴 수 있습니다.

02 | 실력 다듬기   '네이버 클라우드' 다루기

● ● ● ●
Step 01   '네이버 클라우드'에 접속하기

01 인터넷 브라우저를 실행한 후, '네이버(www.naver.com)'에 접속합니다. [NAVER 로그인] 버튼을 클릭한 후 아이디와 비밀 번호를 입력하여 로그인을 하고, 메뉴 목록에서 [더보기]를 클릭합니다.

> **조금 더**
> • [시작(⊞)]–[Microsoft Edge(ⓔ)] 또는 [시작(⊞)]–[Windows 보조프로그램]–[Internet Explorer(ⓔ)]를 선택하여 인터넷 브라우저를 실행할 수 있습니다.
> • NAVER 클라우드를 사용하기 위해서는 '네이버'에 회원으로 가입이 되어 있어야 합니다. 회원이 아닌 경우 [회원 가입]을 클릭하여 절차에 따라 진행합니다.

02 [네이버 클라우드]를 클릭합니다.

03 NAVER 클라우드 화면이 나타나면 왼쪽 창에서 [폴더]를 클릭합니다. 오른쪽 창에 내용이 보입니다(한 번도 사용을 하지 않았다면 비어 있습니다.).

처음 접속했다면 약관과 관련한 메시지가 나타날 수도 있습니다. 약관을 읽어보고 동의에 체크한 후 [시작하기] 버튼을 클릭합니다.

04 [새폴더] 버튼을 클릭한 후, 폴더 이름을 '여행 사진 모음'이라 입력하고 Enter 키를 누릅니다.

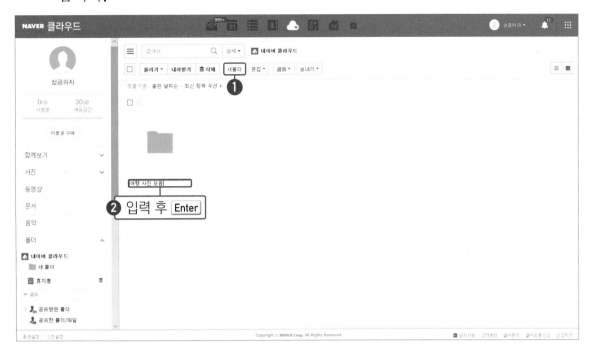

•••• ─────
Step 02 파일 올리기

01 만들어진 폴더를 더블 클릭하거나 왼쪽 창의 [폴더]−[네이버 클라우드]에서 [여행 사진 모음] 폴더를 클릭합니다.

02 [올리기] 버튼을 클릭한 후, [파일 올리기]를 선택합니다. [열기] 대화상자가 나타나면 사진 파일을 찾아 선택하고 [열기] 버튼을 클릭합니다.

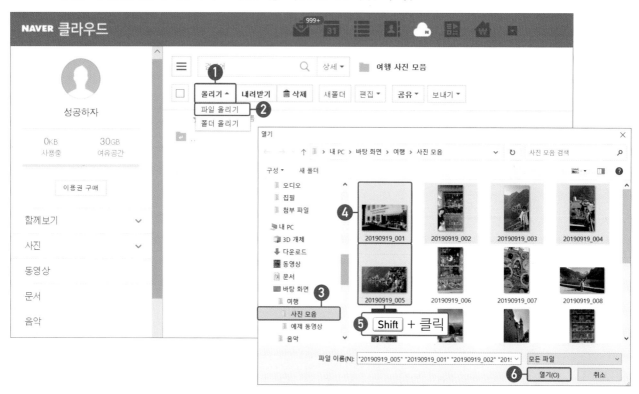

제공하는 자료 중 [예제사진] 폴더의 파일들을 활용하거나 사용자의 컴퓨터에 보관 중인 파일 중 임의의 사진(이미지) 파일을 활용하여 실습합니다.

03 하단에 올리기가 완료됐다는 알림 메시지가 나타나면 ■(닫기) 버튼을 클릭합니다.

04 이번에는 다른 방법으로 사진을 업로드해보겠습니다. 먼저, 업로드할 사진이 들어 있는 폴더를 열고, 📖 윈도우를 만나보자에서 배운 화면 분할 기능을 활용하여 한쪽에는 네이버 클라우드, 한쪽에는 폴더 창을 배치합니다.

05 폴더 창에서 Ctrl + A 키를 눌러 사진 전부를 선택한 후 네이버 클라우드의 [여행 사진 모음] 폴더로 드래그합니다.

06 중복되는 파일이 있는 경우 다음과 같은 메시지가 나타납니다. 여기서는 '업로드 창의 이후 모든 파일/폴더에 적용'을 체크하고 [건너뛰기] 버튼을 클릭합니다.

07 [올리기] 버튼을 클릭하지 않고도 내 컴퓨터에 있는 파일을 '네이버 클라우드'에 올릴 수 있습니다.

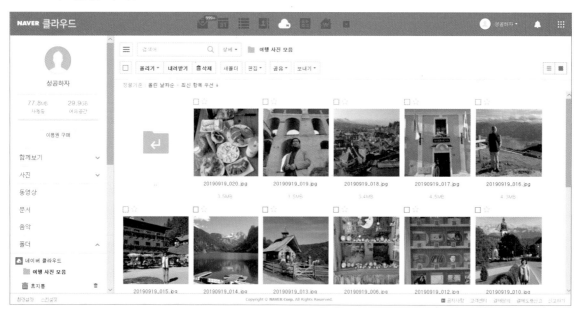

01 NAVER 클라우드에 있는 파일 중 내 컴퓨터로 저장할 사진 3장을 클릭합니다. 자동으로 체크가 됩니다. [내려받기] 버튼을 클릭합니다.

02 다음과 같은 메시지가 나타나면 [저장] 버튼을 클릭합니다. 여기서는 3개의 파일을 선택했으므로 3번 클릭합니다.

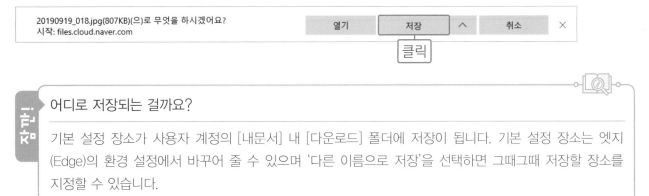

어디로 저장되는 걸까요?

기본 설정 장소가 사용자 계정의 [내문서] 내 [다운로드] 폴더에 저장이 됩니다. 기본 설정 장소는 엣지(Edge)의 환경 설정에서 바꾸어 줄 수 있으며 '다른 이름으로 저장'을 선택하면 그때그때 저장할 장소를 지정할 수 있습니다.

03 저장이 완료되면 [폴더 열기] 버튼을 클릭합니다.

| 20190919_018.jpg에서 다운로드를 완료했습니다. | 열기 | 폴더 열기 | 다운로드 보기 | × |

클릭

04 저장된 폴더가 열리며 선택한 사진들이 내 컴퓨터에 내려 받아진 것을 확인할 수 있습니다.

'올리기'와 달리 '내려받기'는 드래그로 실행할 수가 없습니다.

Step 04 디지털 액자로 보기

01 NAVER 클라우드에 있는 파일 중 사진 하나를 더블 클릭합니다.

02 뷰어가 실행됩니다. 사진을 클릭하면 다음 사진으로 넘어갑니다.

클릭

이곳에서 선택하여 클릭하면 원하는 사진을 바로 볼 수 있습니다.

03 [더 보기(⋮)]-[슬라이드쇼]를 선택합니다.

04 전체 화면으로 전환되고, 3초마다 사진이 바뀌며 나타납니다. 모니터를 디지털 액자처럼 활용할 수 있습니다. [슬라이드 쇼 마침]을 클릭하여 뷰어로 다시 돌아갑니다.

이곳에서 사진이 표시되는 시간을 조정할 수 있습니다.

클릭

05 왼쪽 상단의 [나가기]를 클릭하여 클라우드 저장소로 돌아옵니다.

클릭

앨범으로 정리하기

01 NAVER 클라우드의 왼쪽 창에서 [사진]을 클릭하여 확장한 후, [모든 사진]을 선택합니다.

'특별한 순간'은 사진이 쌓여지고 시간이 지나면 인공 지능이 자동으로 테마를 부여해 사진을 정리해 줍니다.

02 NAVER 클라우드에 저장한 사진 전부가 나타납니다. □를 클릭하여 사진 전체를 선택합니다.

수백 장의 사진 속에서 원하는 사진 찾기

사진의 수가 누적되어 양이 엄청나게 불어나면 관리하는 것도, 찾는 것도 쉽지 않아집니다. NAVER 클라우드에서는 사진을 손쉽게 찾을 수 있는 기능을 제공합니다. [사진찾기] 버튼을 클릭하면 필터링 도구가 표시되고, 다시 [사진찾기] 버튼을 클릭하면 숨겨집니다.

① 사진 썸네일 크기를 조절할 수 있습니다.

② 촬영한 날짜의 범위를 정해 사진(디지털 사진)을 골라 볼 수 있습니다.

③ 스마트 폰부터 디지털 카메라까지 촬영한 카메라의 종류를 선택해 골라 볼 수 있습니다.

④ 주어진 테마를 선택하면 클라우드의 인공 지능이 사진을 분석하여 골라내 줍니다.

03 [앨범에 추가] 버튼을 클릭한 후, [새 앨범]을 선택합니다.

04 [새 앨범 만들기] 대화상자가 나타나면 [앨범명]을 '2019 유럽 여행'이라 입력하고 [확인] 버튼을 클릭합니다.

05 왼쪽 창에서 [앨범]을 선택하면 오른쪽 창의 앨범 목록에 방금 만든 '2019 유럽 여행' 앨범이 보입니다. '2019 유럽 여행' 앨범을 더블 클릭합니다.

06 앨범에 정리된 사진들을 확인할 수 있습니다.

이곳을 클릭하면 슬라이드쇼 형식으로 모든 사진을 확인할 수 있습니다.

Step 06 파일 탐색기에서 네이버 클라우드 사용하기

01 NAVER 클라우드의 왼쪽 창에서 [윈도우 탐색기] 버튼을 클릭합니다.

클릭

윈도우 10의 '파일 탐색기'의 이전 버전 명칭이 '윈도우 탐색기'입니다.

02 네이버 클라우드 탐색기 설치를 위한 창이 나타납니다. [탐색기 2.0 다운로드]의 [32bit] 버튼과 [64bit] 버튼 중 자신의 컴퓨터에 설치된 버전에 맞는 버튼을 클릭합니다.

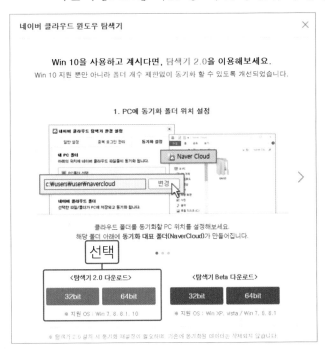

내 컴퓨터의 윈도우 버전을 확인하는 방법

[파일 탐색기] 창의 왼쪽 탐색 창에서 [내 PC]를 마우스 오른쪽 버튼으로 클릭한 후, 바로 가기 메뉴가 나타나면 [속성]을 선택합니다. 정보 보기에서 내 컴퓨터의 운영체제 버전을 확인할 수 있습니다.

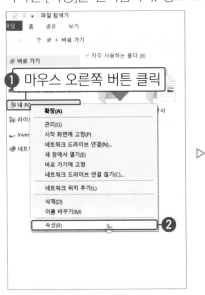

03 다음과 같은 메시지가 나타나면 [실행] 버튼을 클릭합니다.

NaverDriveInst.exe(17.0MB)(으)로 무엇을 하시겠어요?
시작: appdown.naver.com

클릭 | 실행 | 저장 ∧ | 취소 ✕

04 디바이스 변경에 대한 허용 유무를 묻는 메시지가 나타나면 [예] 버튼을 클릭합니다.

05 설치 마법사가 실행되면 절차에 따라 진행하여 설치를 완료합니다.

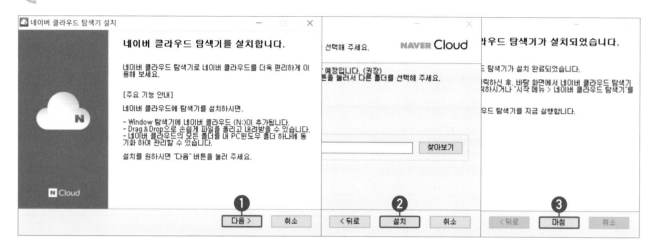

06 안내 창이 나타나면 [로그인하기] 버튼을 클릭한 후, 아이디와 비밀번호를 입력하고 [로그인] 버튼을 클릭합니다.

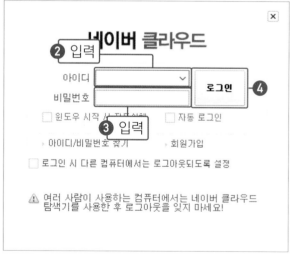

07 동기화 설정 창이 나타나면 [시작하기] 버튼을 클릭합니다.

08 [PC폴더 선택]의 [변경] 버튼을 클릭하여 [폴더 찾아보기] 대화상자가 나타나면 '네이버 클라우드' 폴더가 만들어질 임의의 위치를 지정합니다. [네이버 클라우드 폴더]에서 네이버 클라우드 전체를 동기화 할 것인지, 특정 폴더들만 선택해서 동기화 할 것인지 선택합니다. 여기서는 '동기화 폴더 선택'을 선택합니다. [폴더 선택] 대화상자가 나타나면 '여행 사진 모음'을 체크한 후 [확인] 버튼을 클릭하고, [다음] 버튼을 클릭합니다.

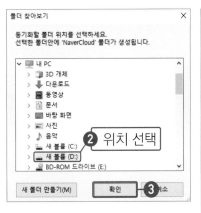

09 [완료] 버튼을 클릭하여 설정을 마칩니다.

10 작업 표시줄의 📁(파일 탐색기)를 클릭하여 파일 탐색기를 실행합니다. [파일 탐색기] 창의 탐색 창에 'Naver Cloud'가 만들어진 걸 확인할 수 있습니다. [Naver Cloud]와 [〈개인 폴더〉]를 더블 클릭하여 하위 항목을 표시한 후, [여행 사진 모음] 폴더를 클릭합니다. 오른쪽의 파일 영역에 표시된 사진을 Ctrl + A 키를 눌러 모두 선택한 후, 마우스 오른쪽 버튼을 클릭하고 [삭제]를 선택합니다.

11 완전히 삭제할 것인지 묻는 메시지가 나타나면 [예] 버튼을 클릭합니다. 네이버 클라우드의 [폴더]-[여행 사진 모음]을 살펴보면 사진이 모두 삭제된 것을 확인할 수 있습니다.

12 동기화를 중지하려면 로그아웃을 해주어야 합니다. 사용자 컴퓨터의 폴더 창에서 탐색 창의 [Naver Cloud]를 마우스 오른쪽 버튼으로 클릭한 후, [네이버 클라우드 탐색기 로그아웃]을 선택합니다.

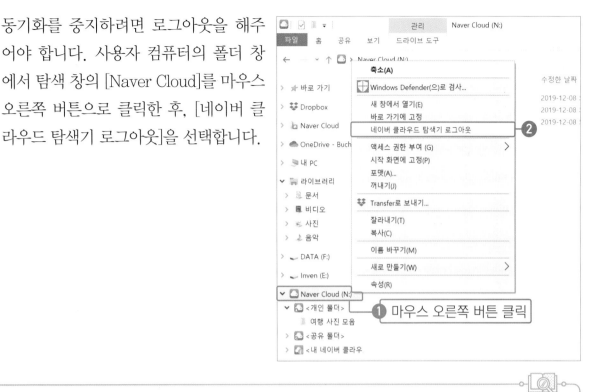

• [시작(■)]-[네이버 클라우드]-[네이버 클라우드 탐색기]를 선택하면 다시 로그인을 하여 사용할 수 있습니다.

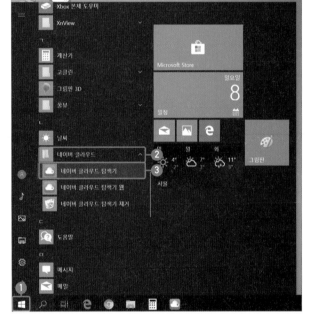

• 작업 표시줄의 입력 도구 모음을 이용해 네이버 클라우드에 로그인/로그아웃을 할 수도 있습니다.

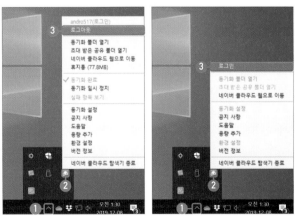

1 내 컴퓨터의 [음악] 폴더를 네이버 클라우드에 폴더 올리기로 저장해 봅니다.

> **잠깐** 컴퓨터에 만들어 둔 [음악] 폴더가 없다면 컴퓨터 내의 임의의 폴더를 이용하거나 새로 만들어서 해봅니다.

2 파일 탐색기의 [네이버 클라우드] 폴더 내에 [여행 동영상] 폴더를 만들고 동영상을 저장해 봅니다.

05 컴퓨터 최적화 관리

학습 포인트

- 임시 파일 제거
- 디스트 파편화
- 디스크 최적화
- '고클린' 앱

사양이 좋은 컴퓨터라도 시간이 흐르면 이상하게 느려지고 에러가 자주 발생합니다. 이런 원인으로는 불필요한 데이터들로 인한 용량 부족과 자원 점유, 파편화된 데이터에 의한 속도 저하 등을 꼽을 수 있습니다. 이번 장에서는 간단한 방법으로 컴퓨터를 쾌적하게 사용할 수 있는 몇 가지 기능에 대해 알아보겠습니다.

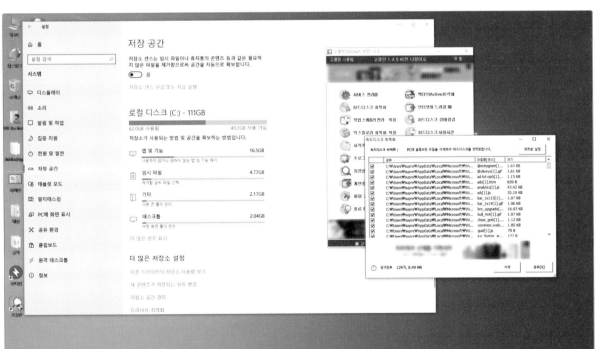

Step 01   쌓여 있는 찌꺼기들 버리기

사용자가 사용하지 않는 앱을 지우고 휴지통을 비우면 그만큼 용량이 늘어납니다. 하지만 보이지 않는 파일 찌꺼기들이 은근슬쩍 컴퓨터의 용량을 차지하여 윈도우를 무겁게 만듭니다. 대표적인 예로 윈도우를 업데이트 한 후 남은 업데이트 설치 파일, 인터넷을 서핑하면서 생기는 인터넷 임시 파일 등을 들 수 있습니다. 눈에 띄지 않는 파일들이라 사용자가 신경을 써줘야만 합니다. '저장 공간' 관리를 통해 간단하게 불필요한 파일들을 제거할 수 있습니다.

Step 02   디스크 파편화와 디스크 최적화

컴퓨터를 사용하다 보면 파일의 저장과 삭제를 반복할 수밖에 없습니다. 하드디스크라는 저장 장치에 파일들이 입출력을 반복하게 되면 '디스크 파편화'라는 현상이 생깁니다. 처음에는 파일들이 순서에 맞게 차곡차곡 저장이 되지만 앞의 파일을 삭제하고 새로운 파일을 저장하게 될 때 파일의 크기가 다르면 분리가 되어 저장이 됩니다. 따라서 파일을 읽어 들일 때 속도가 저하될 수밖에 없게 됩니다.

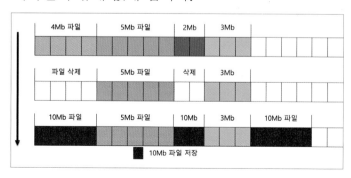

윈도우에 내장된 기능인 '드라이브 최적화'를 통해 흩어져 있는 파일들을 모아 줄 수 있습니다.

윈도우 10 이전 버전에서는 '디스크 조각 모음'이라는 이름으로 불렸습니다. 같은 기능입니다.

최적화를 위해 이것저것 하다 보면 잘못해 윈도우의 시스템 파일을 삭제하는 등 돌이킬 수 없는 치명적인 결함을 발생시킬 수도 있습니다. 그래서 대부분의 사용자들은 믿을 수 있는 외부 앱을 다운로드 받아 편하게 사용합니다. 대표적인 앱으로 '고클린'이 있습니다.

01 [시작(■)]–[설정(⚙)]을 클릭합니다. [설정] 창의 [Windows 설정] 화면이 나타나면 [시스템]을 클릭합니다.

02 화면이 변경되면 왼쪽 목록에서 [저장 공간]을 선택합니다. '로컬 디스크(C:)'의 장치에 저장된 파일들이 목록으로 나타납니다. '임시 파일'을 클릭합니다.

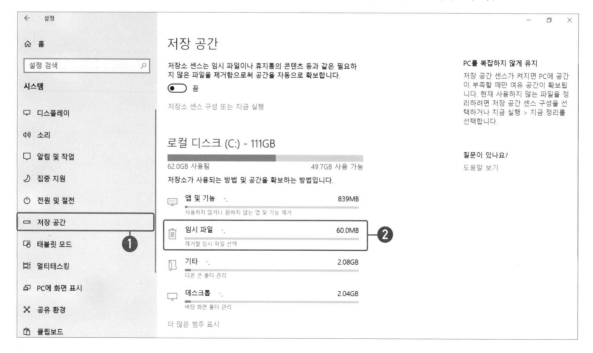

03 [임시 파일] 화면이 나타나고 분석을 시작합니다. 분석이 끝나면 임시 파일들의 목록들과 용량이 표시됩니다. 체크를 한 후 [파일 제거] 버튼을 클릭합니다. 시간이 약간 소요될 수 있습니다.

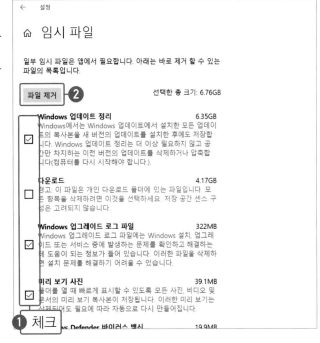

04 불필요한 파일이 삭제되고 용량이 확보된 것을 확인할 수 있습니다. 왼쪽 상단의 ← (뒤로)를 클릭합니다.

- 임시 파일은 저장 장치의 용량을 쓸 데 없이 차지하는 원인입니다. 한 번씩 삭제를 해주는 것을 권장합니다.
- '저장소 센스 구성'은 사용자가 설정한 기간에 맞춰 윈도우가 자동으로 임시 파일을 삭제하는 기능입니다. 설정이 세부적이지 않고 미처 확인하지 못한 다운로드 파일들이 삭제될 수 있기에 가급적 수동으로 디스크 정리를 하는 것을 권장합니다.
- '다운로드' 파일은 인터넷에서 저장한 파일들이 저장되는 곳입니다. 중요한 문서나 동영상 같은 파일이 없는지 확인한 후 체크를 합니다.

01 [저장 공간] 화면의 [더 많은 저장소 설정]에서 [드라이브 최적화]를 클릭합니다.

02 컴퓨터에 설치된 저장 장치가 나타납니다. '하드 디스크 드라이브'를 선택한 후 [분석] 버튼을 클릭합니다. 조각난 비중이 높으면 [최적화] 버튼을 클릭하여 디스크를 최적화 시킵니다.

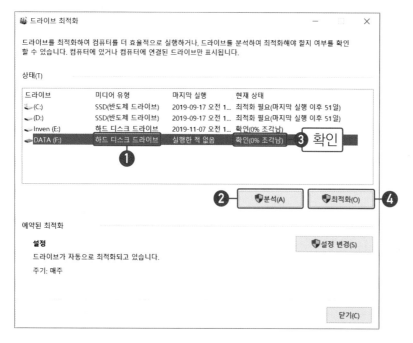

03 용량과 조각난 비중에 따라 시간이 걸릴 수도 있습니다.

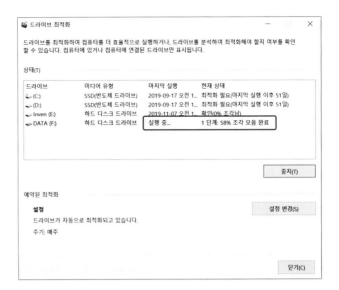

04 [예약된 최적화] 부분의 [설정 변경] 버튼을 클릭합니다.

> **잠깐만!** 예약 설정이 되어 있지 않다면 [설정 변경] 버튼은 [켜기] 버튼으로 표시됩니다.
>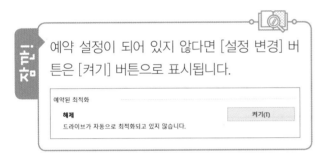

05 [예약 실행]의 체크를 해제하고 [확인] 버튼을 클릭합니다. [닫기] 버튼을 클릭하여 종료합니다.

> **잠깐만!** 하드 디스크는 드라이브를 사용하면 할수록 수명이 단축되며, 최적화가 진행되는 동안에는 컴퓨터의 속도가 느려져 사용에 영향을 주게 됩니다. 예약하여 실행하는 것 보다 자신의 컴퓨터 사용 성향에 맞추어 한 번씩 수동으로 최적화를 진행하는 것이 더 좋을 수도 있습니다.

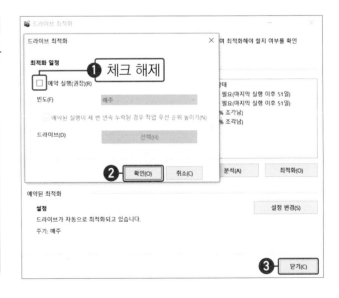

Step 01 다운로드 및 설치하기

01 인터넷 브라우저를 실행한 후, '네이버 자료실(software.naver.com)'에서 '고클린'을 검색합니다.

02 다운로드 관련 메시지가 나타나면 순서에 따라 [다운로드] 버튼을 클릭합니다.

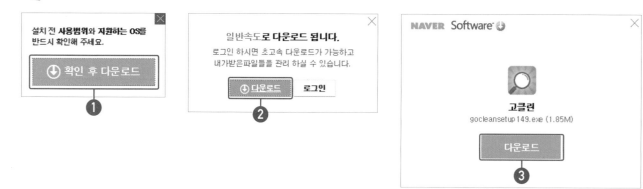

03 다운로드한 프로그램을 실행할 것인지, 저장할 것인지 묻는 메시지가 나타나면 [실행] 버튼을 클릭합니다.

| gocleansetup149.exe(1.8MB)(으)로 무엇을 하시겠어요?
시작: low.software.dn.naver.com | 실행 | 클릭 | ∧ | 취소 | × |

04 고클린 설치 창이 나타나면 순서에 따라 [다음] 버튼 또는 [설치] 버튼을 클릭하여 설치를 진행합니다. 설치가 완료되면 [마침] 버튼을 클릭합니다.

'고클린' 앱 사용하기

01 [시작(⊞)]-[고클린]을 선택합니다.

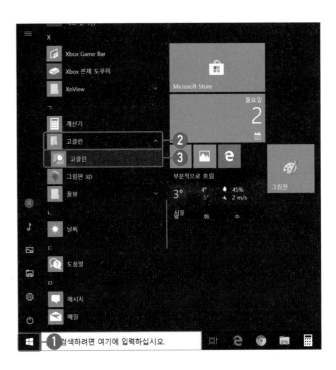

02 [고클린] 창이 나타나면 메인 화면에서 [하드 디스크 최적화]를 클릭합니다. 불필요한 파일들이 검색되고 모두 체크가 되어 있습니다. [삭제] 버튼을 클릭한 후 삭제가 완료되면 [종료] 버튼을 클릭합니다.

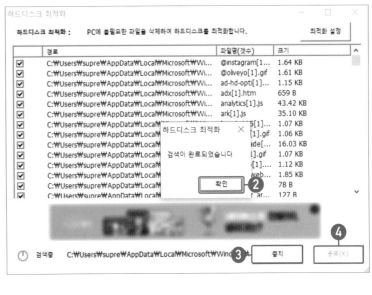

많은 항목들이 나오지만 일반 사용자가 최적화를 위해 필요한 건 '하드디스크 최적화', '익스플로러 최적화', '액티브(Active)X 삭제' 정도입니다.

03 메인 화면에서 [익스플로러 최적화]를 클릭합니다. 불필요한 데이터들을 볼 수 있습니다. 불필요한 기능을 체크하고 [삭제] 버튼을 클릭합니다. 삭제가 완료되면 [종료] 버튼을 클릭합니다.

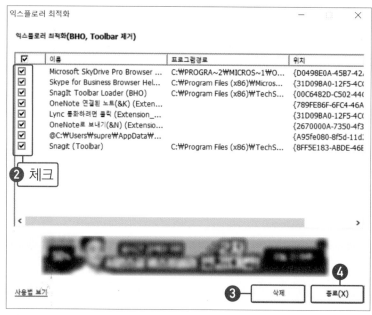

04 메인 화면에서 [액티브(Active)X 삭제]를 클릭합니다. '30일 동안 사용되지 않는 ActiveX Control 보기'를 선택합니다. 선택하여 체크한 후 [삭제] 버튼을 클릭합니다. 삭제 후 [종료] 버튼을 클릭합니다. 메인 화면에서 ×(닫기) 버튼을 클릭해 종료합니다.

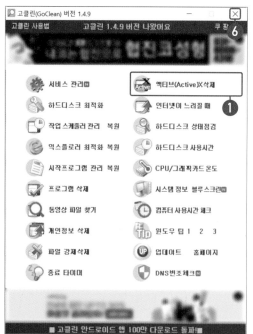
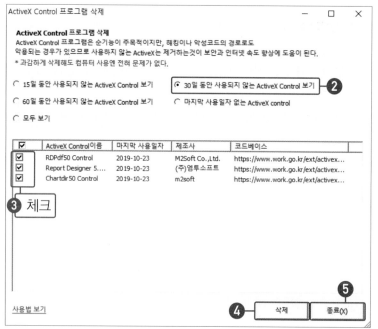

'액티브(Active)X'는 은행이나 쇼핑몰, 관공서 사이트를 이용하기 위해 설치하는 보안 프로그램입니다. 하지만 윈도우의 자원을 좀먹는 프로그램이기도 합니다.

1 사용하지 않는 앱을 삭제해 봅니다.

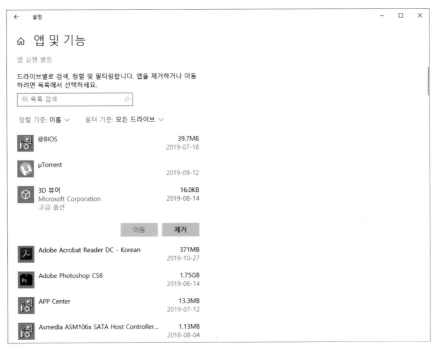

> 잠깐
> - 잘 모르는 앱일 때는 함부로 삭제하지 않아야 합니다.
> - [설정] 창의 [시스템]–[저장 공간]에서 [앱 및 기능] 선택 → 앱 및 기능 목록에서 선택 → [제거] 버튼 클릭

2 드라이브 최적화의 일정을 '매월' 단위로 예약을 해봅니다.

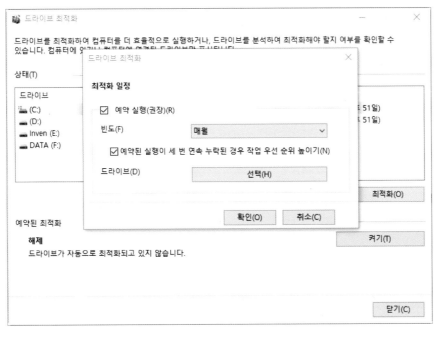

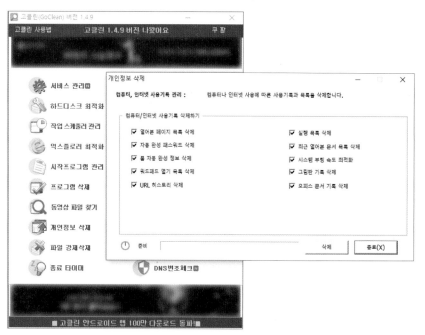

3 '고클린'을 이용하여 개인 정보를 삭제해 봅니다.

> 한트
> • 컴퓨터를 사용하면 사용자의 사용 기록이 남게 됩니다. 특히 공용 컴퓨터에서는 개인 정보가
>   노출될 수 있으므로 삭제하는 것이 좋습니다.
> • [고클린] 창의 메인 화면에서 [개인정보 삭제]를 클릭합니다.

4 '고클린'을 이용하여 정해진 시간에 컴퓨터가 자동 종료되도록 설정해 봅니다.

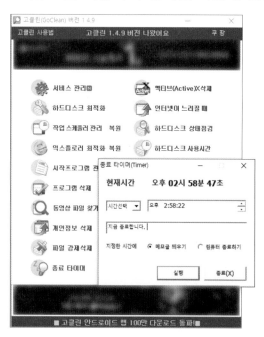

> 한트
> [고클린] 창의 메인 화면에서 [종료 타이머]를 클릭합니다.

컴퓨터는 내 놀이터

학습 포인트

- 'Groove 음악' 앱
- 음악 폴더 추가
- 음악 재생
- 재생 목록 생성
- '영화 및 TV' 앱
- 영상 재생

컴퓨터를 잘 다루려면 잘 가지고 놀 줄 알아야 합니다. 파워유저라 하는 사람들 모두 컴퓨터를 잘 가지고 놀면서 재미있어 하는 사람들입니다. 대부분의 사람들이 가장 많이 하는 취미 활동인 음악과 영화 감상을 컴퓨터를 통해 하는 방법을 배워 보도록 합니다.

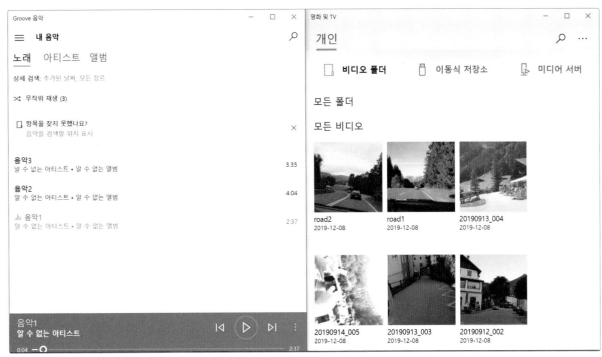

◎ 준비물 : 스피커 또는 이어폰
◎ 준비파일 : [예제음악] 폴더, [음악2] 폴더, [예제동영상] 폴더

Step 01　　음악 및 동영상 감상을 위한 방법

이전에는 음악을 감상하기 위해서 음악이 담긴 LP, 카세트테이프, CD 등과 같은 매체를 구입해야 했고, 그 매체를 실행시킬 플레이어도 별도로 구입을 해야 음악을 들을 수 있었습니다. 하지만 이제는 음악을 듣기 위해 그런 매체를 구입하는 사람들은 소수의 매니아들을 제외하고는 거의 없습니다. 대부분 'MP3'라고 명명된 디지털 음원을 구입하거나 스트리밍을 통해 감상합니다. 컴퓨터에 데이터로 저장되어 있는 음악 파일을 언제 어디서나 편리하게 감상할 수 있습니다. 윈도우는 이런 MP3 음악을 쉽게 감상할 수 있도록 [Groove 음악] 앱을 제공하고 있습니다.

조금 더 스트리밍(Streaming)

스트림(Stream)은 단어 뜻 그대로 '흐름'을 뜻합니다. 스트리밍(Streaming)은 음악이나 동영상 같은 멀티미디어 파일을 재생하는 방식의 일종입니다. 기존에는 음악이나 동영상 파일을 내 컴퓨터에 다운로드 받은 후 실행을 해야 재생을 할 수 있었습니다. 파일 용량이 크면 기다리는 시간이 오래 걸려 감상을 하려면 일단 기다려야 했지만 스트리밍(Streaming)은 인터넷만 연결되어 있다면 내 컴퓨터에 별도로 저장할 필요 없이 물 흐르듯이 바로 감상을 할 수 있습니다. '넷플릭스', '유튜브', '애플뮤직', '멜론' 등 유/무료 형식으로 다양한 스트리밍(Streaming) 서비스를 제공하는 회사들이 있습니다.

동영상이나 영화 또한 내 컴퓨터에서 바로 감상할 수 있습니다. 음악과 마찬가지로 내 컴퓨터에 저장되어 있는 동영상 파일을 실행시키거나 스트리밍을 통해 충분히 감상할 수 있습니다. 음악 파일과 약간의 차이라면 음악 파일은 대부분 MP3라는 파일 형태로 되어 있지만, 동영상 파일은 좀 더 다양한 파일 형태가 있습니다. 그렇다고 그것들을 모두 공부하거나 알 필요는 없습니다. 그냥 다 같은 동영상이라 생각하면 되고, 윈도우는 현존하는 대부분의 동영상 파일 형태를 감상할 수 있도록 [영화 및 TV] 앱을 제공하고 있습니다.

[시작(⊞)]−[Groove 음악]을 선택하면 다음과 같은 창이 나타납니다.

① 음악이 있는 폴더를 추가하면 음악 전체 목록이 표시됩니다.

② 음악별로 제목과 아티스트, 앨범을 표시할 수 있습니다.

③ **재생 목록** : 나만의 재생 목록을 만들 수 있습니다. 예를 들어 '가요' 목록, '클래식' 목록, '80년대 가요', '70년대 팝' 등 다양한 이름으로 만들 수 있습니다.

④ 재생과 관련된 버튼들이 표시됩니다.

▲ 음악이 재생 중인 상태 표시

ⓐ 재생하는 곡에 대한 앨범과 아티스트에 대한 정보가 나옵니다. 클릭하면 전용 화면으로 전환됩니다.

ⓑ **무작위 재생** : 여러 곡들을 순서에 상관없이 무작위로 재생합니다.

ⓒ **이전** : 이전 곡을 재생합니다.

ⓓ **재생 / 일시 중지** : 곡을 재생(▷)하고 일시 중지(⏸)할 수 있습니다.

ⓔ **다음** : 다음 곡을 재생합니다.

ⓕ **반복 재생** : 한 번 클릭하면 '모두 반복'으로 곡 목록 전체가 재생한 후 다시 처음부터 재생합니다. 한 번 더 클릭하면 '한 번 반복'으로 한 곡만 계속 반복 재생합니다.

ⓖ **음소거 해제 / 음소거 설정** : 스피커 아이콘(🔊)을 클릭하면 음소거(🔇)가 됩니다.

ⓗ 미니 뷰로 재생 : 앱의 크기를 작게 만들어 한쪽에 띄어 놓고 다른 작업을 할 수 있습니다. '미니 뷰'는 항상 다른 창들보다 위에 있습니다.

ⓘ 다른 작업 : 재생 목록 관련 기능들과 보기 옵션을 제공하는 추가 메뉴입니다.

Step 03 '영화 및 TV' 앱의 화면 구성 알아보기

[시작(⊞)]–[영화 및 TV]를 선택하면 다음과 같은 창이 나타납니다.

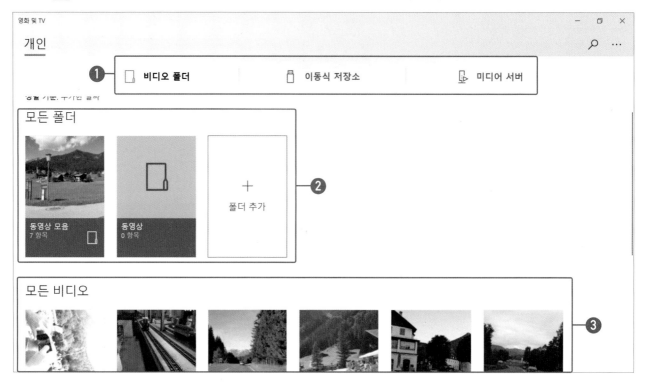

① 영상이 들어 있는 장소를 선택할 수 있습니다.

ⓐ 비디오 폴더 : 현재 추가된 비디오 폴더들과 비디오 파일의 목록들이 표시됩니다.

ⓑ 이동식 저장소 : USB 메모리나 외장하드에 있는 영상을 보려면 컴퓨터에 연결한 후 [이동식 저장소]를 클릭합니다. 폴더를 추가하지 않고도 영상이 있는 위치로 바로 찾아가 재생할 수 있습니다.

ⓒ 미디어 서버 : NAS(나스 ; 네트워크에 직접 연결된 외장 하드) 같은 네트워크 서버를 두고 운영할 때 활용할 수 있습니다.

② 영상이 있는 폴더를 추가하면 폴더 목록들이 나타납니다.

③ 폴더에 있는 모든 동영상들이 표시됩니다.

동영상을 클릭하면 재생 영상 아래쪽에 재생과 관련된 버튼들이 표시됩니다.

① **볼륨 메뉴 표시** : 영상의 볼륨을 조절하고 음소거를 할 수 있습니다.

② **자막 및 오디오 메뉴 표시** : 자막 파일이 별도로 있다면 영상과 함께 자막을 볼 수 있습니다. 영상의 오디오의 형식을 보여 줍니다. 추가적인 오디오 형식이 있으면 선택하여 감상할 수 있습니다.

③ **뒤로 건너뛰기** : 영상을 10초 뒤로 이동합니다.

④ **재생 / 일시 중지** : 영상을 재생(▷)하고 일시 중지(❙❙)할 수 있습니다.

⑤ **앞으로 건너뛰기** : 영상을 30초 앞으로 이동합니다.

⑥ **사진에서 편집** : '사진' 앱으로 영상을 편집 및 보정을 할 수 있습니다.

⑦ **미니 뷰로 재생** : 영상을 작은 화면으로 재생합니다.

⑧ **전체 화면** : 영상을 전체 화면 또는 원본 화면으로 볼 수 있습니다. 해상도가 모니터 보다 낮은 영상은 전체 화면으로 감상 시 화질이 손상될 수 있습니다.

⑨ **추가 옵션 메뉴** : 재생과 관련한 다양한 기능들의 모음입니다.

잠깐!

불법 파일에 관해

디지털 복제 시대이다 보니 원본과 복사본의 차이가 구별이 잘 되지 않습니다. 인터넷을 돌아다니다 보면 원작자가 있고 저작권이 있는 음악이나 영화 콘텐츠들을 쉽게 만날 수 있습니다. 공짜로 감상을 할 수 있어 좋기는 하지만 무턱대고 다운로드 받아 감상하는 행위는 엄연히 불법이며, 단속에 걸려 벌금을 물 수도 있습니다. 또한 검증되지 않은 파일은 치명적인 바이러스나 멀웨어 등이 파일 내에 숨어 있을 수도 있습니다. 그러니 불법 파일들은 아예 다운로드를 하지 않는 것이 최선입니다.

● ● ● ●
Step 01 | **'Groove 음악' 앱 실행하기**

01 [시작(▦)]-[Groove 음악]을 선택합니다.

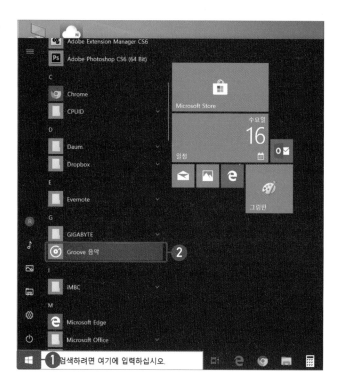

02 'Groove 음악' 앱이 실행됩니다. 'Groove 음악' 앱은 라이브러리와 연동되기 때문에 '라이브러리'에 폴더를 포함시키면 자동으로 음악이 나타납니다.

- 📖02**집중도를 높이는 정리정돈**에서 [음악] 폴더를 '라이브러리'에 포함시켰기 때문에 자동으로 목록에 나와 있습니다.
- 목록에 표시되지 않은 경우 제공하는 자료 중 [예제음악] 폴더의 파일들을 활용하거나 사용자의 컴퓨터에 보관 중인 파일 중 임의의 음악 파일이 들어 있는 폴더를 활용하여 실습합니다.

'Groove 음악' 앱이 사용자 컴퓨터에 없을 수도 있습니다. 이런 경우 'Microsoft store'에서 설치를 해야 합니다.
※ Microsoft 계정이 필요할 수 있습니다.

❶ [시작(■)]–[Microsoft Store]를 선택하거나 시작 화면의 [Microsoft Store]를 클릭합니다.

❷ [Microsoft Store] 창이 나타나면 오른쪽 상단의 [검색]을 클릭합니다. 입력란이 나타나면 '음악'을 입력한 후, 'Groove 음악'을 선택합니다.

❸ [무료] 버튼을 클릭한 후, 순서대로 진행하면 설치가 됩니다.

Step 02 목록에 없는 음악 추가하기

01 '라이브러리'에 포함되지 않은 음악들을 추가하기 위해 [음악을 검색할 위치 표시]를 클릭합니다.

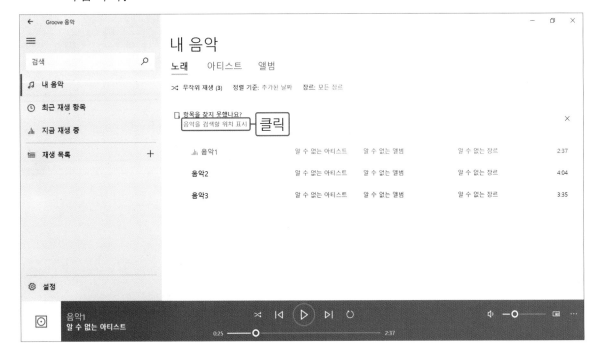

02 + (폴더 추가) 버튼을 클릭합니다.

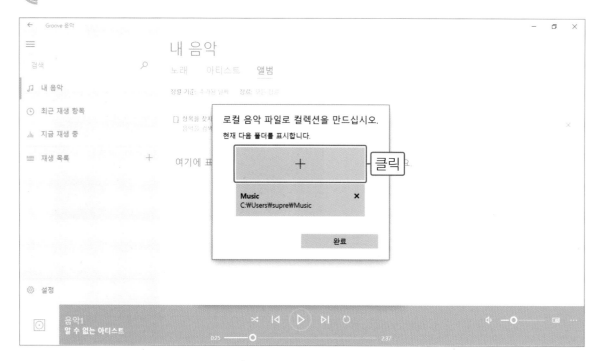

03 사용자 컴퓨터에 보관되어 있는 음악 파일이 있는 폴더(여기서는 [음악2])를 경로로 지정한 후 [이 폴더를 음악에 추가] 버튼을 클릭하고, [완료] 버튼을 클릭합니다.

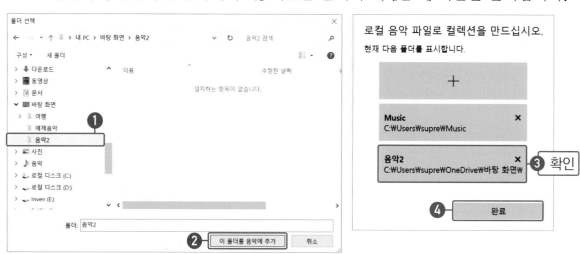

제공하는 자료 중 [음악2] 폴더를 바탕 화면에 복사한 후 활용하거나 사용자의 컴퓨터에 보관 중인 음악 파일이 들어 있는 임의의 폴더를 선택하여 실습합니다.

04 음악들이 추가된 것을 확인할 수 있습니다. 이번에는 추가한 목록을 취소하기 위해 [음악을 검색할 위치 표시]를 클릭합니다.

05 03에서 추가했던 폴더를 클릭합니다. 폴더를 제거할지 묻는 메시지가 나타나면 [폴더 제거] 버튼을 클릭합니다. [완료] 버튼을 클릭합니다.

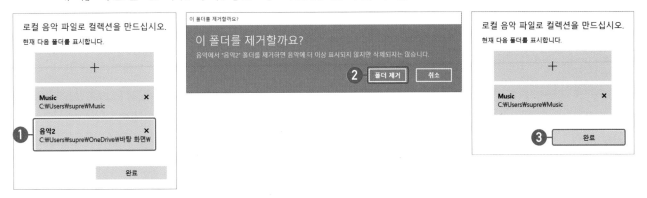

06 추가된 음악 목록이 사라진 것을 확인할 수 있습니다.

01 'Groove 음악' 앱의 [노래] 탭을 보면 음악 목록이 보입니다. 목록 위(여기서는 '음악1')로 마우스 포인터를 이동하면 숨겨져 있던 버튼들이 나타납니다. ▷(재생) 버튼을 클릭합니다.

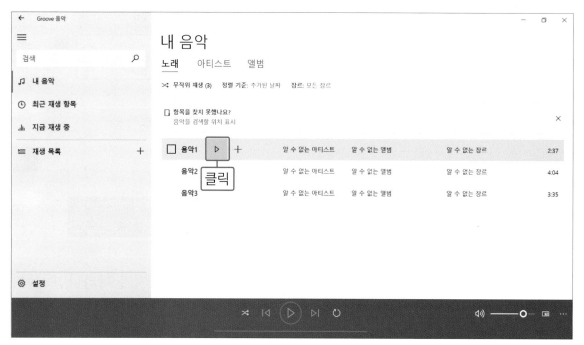

> 구입한 음악 또는 내가 직접 만든 음악에 태그 및 상세 정보가 함께 저장되어 있다면 앨범 재킷 및 아티스트에 대한 정보들이 함께 나옵니다.

02 하단의 재생 바가 움직이며 곡이 재생이 됩니다.

03 ⏸(일시 중지) 버튼을 클릭합니다.

01 왼쪽의 [재생 목록]을 선택합니다. 아직 만들어 놓은 항목이 없어 비어 있습니다. [새 재생 목록]을 클릭합니다.

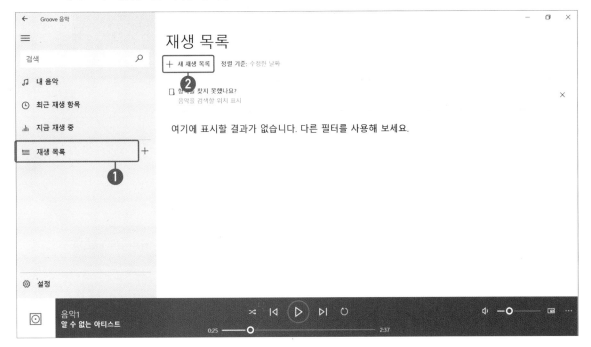

02 재생 목록 이름으로 '가벼운 경음악'이라 입력하고 [재생 목록 만들기] 버튼을 클릭합니다.

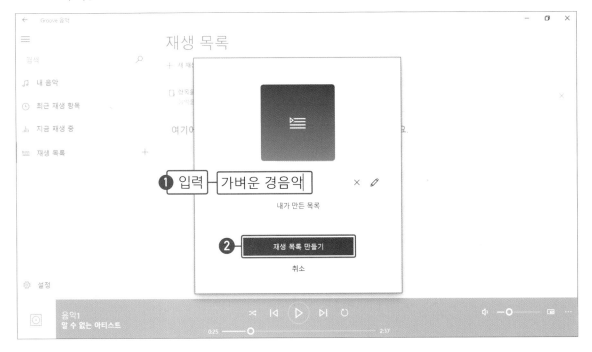

03 왼쪽의 [재생 목록]에 '가벼운 경음악'이 추가된 것을 확인할 수 있습니다. 이 항목에 음악을 추가하기 위해 [내 음악]을 선택합니다.

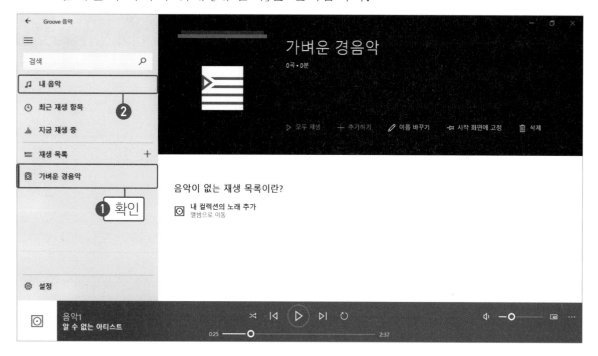

04 음악 목록 왼쪽의 □를 클릭하여 체크 표시를 합니다. 아래쪽의 [추가하기]를 클릭한 후, [가벼운 경음악]을 선택합니다.

05 선택한 음악들이 재생 목록에 추가된 것을 확인하기 위해 왼쪽의 [가벼운 경음악]을 선택합니다. 추가된 목록을 확인할 수 있습니다.

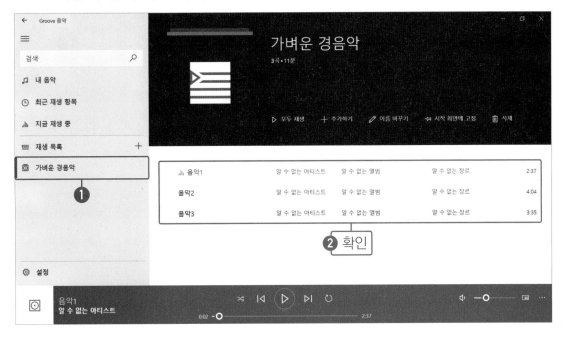

Step 05 나만의 재생 목록 만들기-2

01 음악을 듣다보면 어떤 곡들은 나의 애장 목록에 모아 놓고 나중에 다시 듣고 싶을 때가 있습니다. 재생 목록 중 '가벼운 경음악'에서 ▷(재생) 버튼을 클릭해 음악(여기에서는 '음악2')을 재생합니다.

02 재생 중인 음악(여기서는 '음악2')을 마우스 오른쪽 버튼으로 클릭하고 [추가하기]-[새 재생 목록]을 선택합니다.

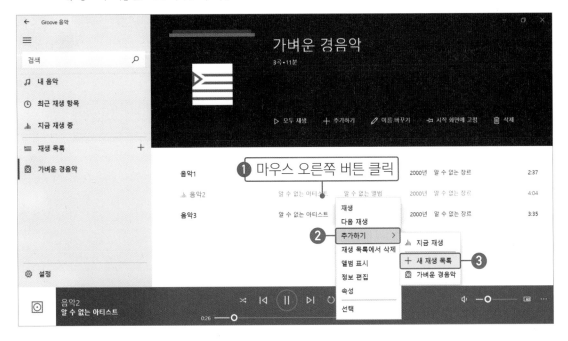

03 '좋아하는 음악'이라 입력하고 [재생 목록 만들기] 버튼을 클릭합니다.

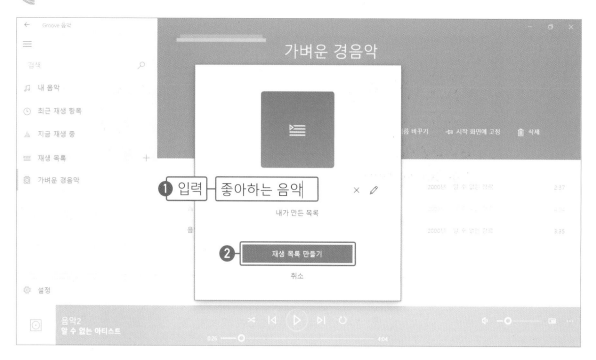

04 왼쪽의 [재생 목록]에 추가된 [좋아하는 음악]을 선택하여 음악(여기서는 '음악2')이 추가된 것을 확인합니다.

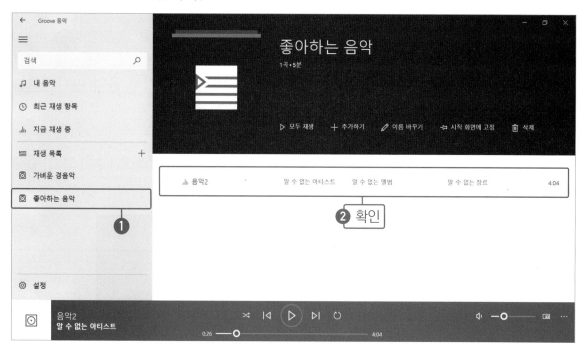

●●●●
Step 01 | ‘영화 및 TV’ 앱 실행하기

01 [시작(⊞)]-[영화 및 TV]를 선택합니다.

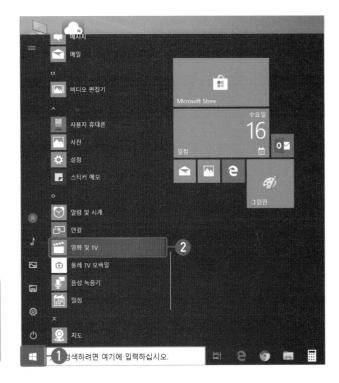

> 웃음마당
> ‘영화 및 TV’ 앱이 안 보인다면 ‘Groove 음악’
> 처럼 ‘Microsoft Store’에서 다운로드하여 설치
> 합니다.

02 ‘영화 및 TV’ 앱 역시 라이브러리와 연동되기 때문에 포함시켜 놓은 [동영상 모음] 폴더의 영상들이 나타납니다.

> 웃음마당
> • **[02]집중도를 높이는 정리정돈**에서 [동영상 모음] 폴더를 ‘라이브러리’에 포함시켰기 때문에 자동으로 목록에 나와 있습니다.
> • 목록에 표시되지 않은 경우 제공하는 자료 중 [예제동영상] 폴더의 파일들을 활용하거나 사용자의 컴퓨터에 보관 중인 파일 중 임의의 비디오(동영상) 파일이 들어 있는 폴더를 활용하여 실습합니다.

목록에 없는 영상 추가하기

'라이브러리'에 없는 영상을 추가하려면 [폴더 추가]를 클릭합니다. 이후의 추가하는 방법은 'Groove 음악' 앱과 동일합니다.

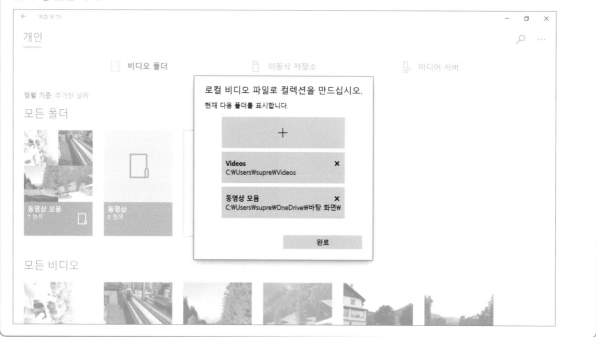

Step 02 비디오 감상하기

01 [비디오 폴더] 탭에서 동영상이 들어 있는 폴더(여기서는 '동영상 모음')를 클릭합니다.

02 동영상 목록 중 재생할 동영상을 클릭합니다.

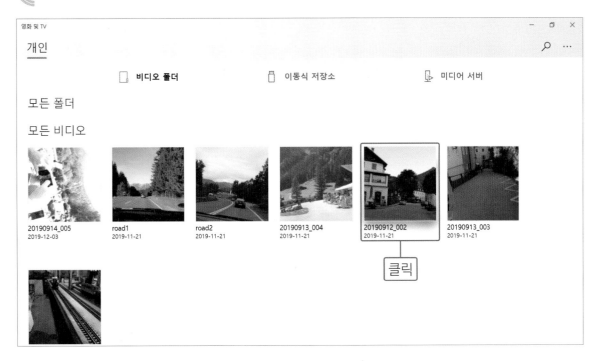

03 동영상이 재생됩니다. 〉(다음 비디오)를 클릭하여 다음 동영상을 재생합니다.

04 (미니 뷰)를 클릭합니다.

05 영상이 작은 화면으로 재생됩니다. (미니 뷰 닫기)를 클릭하여 원래의 뷰로 돌아옵니다.

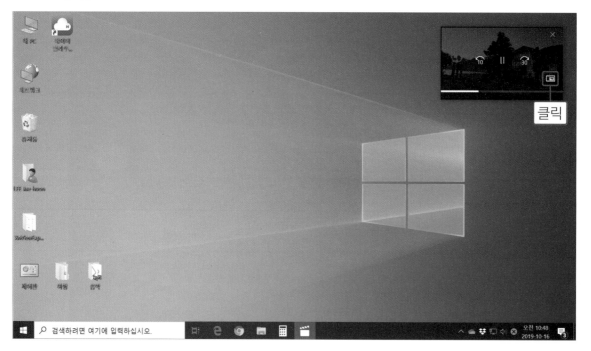

1 'Groove 음악' 앱에서 '내 음악'의 음악을 선택하여 재생 목록 중 '좋아하는 음악'
에 추가해 봅니다.

2 'Groove 음악' 앱의 재생 목록 중 '가벼운 경음악'의 음악 목록 중 하나를 제외해
봅니다.

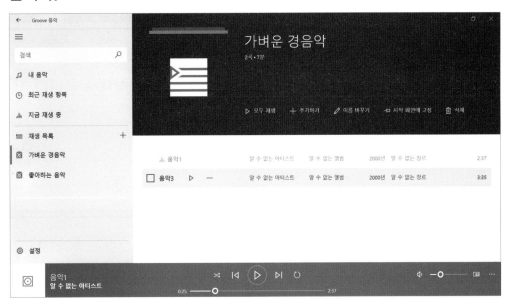

> **힌트** 삭제할 음악 목록으로 마우스 포인터를 이동한 후 ➖(재생 목록에서 삭제)를 클릭합니다.

3 'Groove 음악' 앱의 재생 목록 중 '좋아하는 음악'을 윈도우 시작 화면에 타일로 만들어 봅니다.

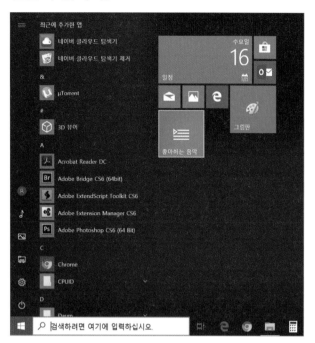

힌트! [Groove 음악] 창에서 재생 목록 중 '좋아하는 음악'을 선택한 후, 화면 오른쪽의 '시작 화면에 고정'을 클릭 합니다.

4 '영화 및 TV' 앱의 '모든 비디오' 목록에서 동영상 한 개를 삭제해 봅니다.

힌트!
- 삭제할 영상을 마우스 오른쪽 버튼으로 클릭하면 [삭제] 바로 가기 메뉴가 나타납니다.
- 실제 파일이 삭제됩니다. 삭제 후 휴지통으로 가서 파일을 복원하도록 합니다.

나도 이제 크리에이터 Ⅰ

이번 윈도우 10에서 기본 제공하는 '사진' 앱을 통해서 간단히 사진의 색감이나 노출을 조정하고, 필터 등을 적용하여 사진을 보정할 수 있는 방법들에 대해 배워보도록 하겠습니다.

 미 리 보 기

◉ 준비파일 : [예제사진] 폴더

●●●●
Step 01 **사진 촬영과 관리 도구**

스마트폰의 발전으로 개인이 스스로 만든 콘텐츠를 제작하고 배포하는 환경이 이루어지게 되었습니다. 특히 내장 카메라의 엄청난 성능 향상으로 인해 사진과 영상을 손수 제작하는 사람들이 많아졌습니다. 작은 폰 하나로도 멋진 작품들이 탄생하기도 하지만, 찍기만 한다고 해서 저절로 무언가가 만들어지는 것은 아닙니다. 정성들여 촬영한 사진과 영상들을 관리할 도구가 필요합니다.

윈도우에서는 사진을 앨범처럼 관리할 수 있는 '사진 앱'을 제공하고 있습니다. 사진들은 날짜별, 제목별로 정렬할 수 있으며 정리된 사진들을 쉽게 찾을 수 있도록 다양한 검색 기능들도 있습니다. 뿐만 아니라 원하는 부분만 자를 수 있는 기능과 간단한 효과도 추가할 수 있습니다. 슬라이드 쇼를 이용하면 여러 장의 사진들이 음악과 함께 흐르는 동영상도 제작할 수 있습니다.

●●●●
Step 02 **'사진' 앱 화면 구성 알아보기**

[시작(⊞)]-[사진]을 선택하면 다음과 같은 창이 나타납니다. '사진' 앱은 라이브러리와 연동이 되기 때문에 '라이브러리'에 추가된 사진들을 볼 수 있습니다.

① **컬렉션** : 사진 앱의 기본 보기로, 타일 형식으로 정렬된 사진들이 날짜별로 배치되어 있습니다. 컬렉션은 사진들과 동영상, 앨범 및 비디오 프로젝트를 한 번에 볼 수 있습니다.

② **앨범** : '네이버 클라우드'처럼 앨범들을 만들고 사진들을 정리해 둘 수 있습니다.

③ **피플** : 윈도우의 인공 지능이 얼굴을 분석하여 사람별로 정리해 줍니다. 윈도우에 사용자의 연락처가 등록되어 있으면 이름과 함께 정리합니다.

④ **폴더** : 사진이 있는 폴더를 추가하거나 삭제할 수 있습니다.

⑤ **비디오 프로젝트** : 동영상을 편집할 수 있습니다.

⑥ **검색 창** : 사진과 동영상들을 파일 이름만이 아닌 장소나 사물로도 검색을 할 수 있습니다.

⑦ **새 비디오 만들기** : 비디오 프로젝트를 포함하여 자동으로 만드는 기능과 백업된 프로젝트를 불러올 수 있습니다.

⑧ **선택** : 사진과 동영상들을 골라서 새 비디오를 만들거나 앨범에 추가, 인쇄, 공유, 복사, 삭제를 할 수 있습니다.

⑨ **가져오기** : 사진이나 동영상이 있는 폴더나 외장 저장 장치를 추가할 수 있습니다.

02 | 실력 다듬기 앨범으로 정리하고 사진 보정하기

Step 01 앨범 모드 활용하기

01 [시작()]-[사진]을 선택합니다.

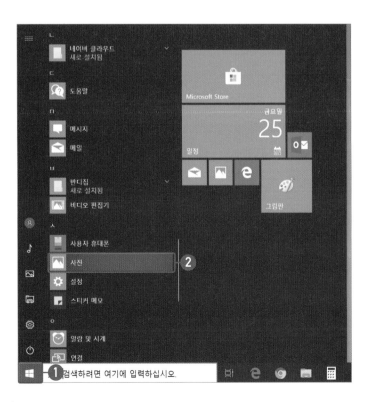

02 '사진' 앱이 실행됩니다. [사진] 창에서 가장 먼저 만나는 곳은 '컬렉션'입니다. 윗부분에는 윈도우가 만들어 놓은 앨범들이 보입니다. 아래는 사진들이 날짜별로 정리되어 있습니다.

> · **02집중도를 높이는 정리정돈**에서 [사진 모음] 폴더를 '라이브러리'에 포함시켰기 때문에 자동으로 목록에 나와 있습니다.
> · 목록에 표시되지 않은 경우 제공하는 자료 중 [예제사진] 폴더의 파일들을 활용하거나 사용자의 컴퓨터에 보관 중인 파일 중 임의의 사진 파일이 들어 있는 폴더를 활용하여 실습합니다.

사진이 있는 폴더가 라이브러리와 연동이 되어 있지 않아 이미지가 보이지 않는다면

❶ [간단히 표시)를 클릭한 후 [설정]을 선택합니다.

❷ [설정] 화면이 나타나면 [폴더 추가] 버튼을 클릭하여 사진이 있는 폴더를 추가합니다.

03 [사진] 창의 [컬렉션] 탭이나 [앨범] 탭에서 '자동 생성됨'이라는 앨범의 [보기]를 클릭합니다(컴퓨터의 상황에 따라 앨범의 구성이 다를 수 있습니다. 여기서는 '오스트리아, 9월 2019'라 되어 있습니다.).

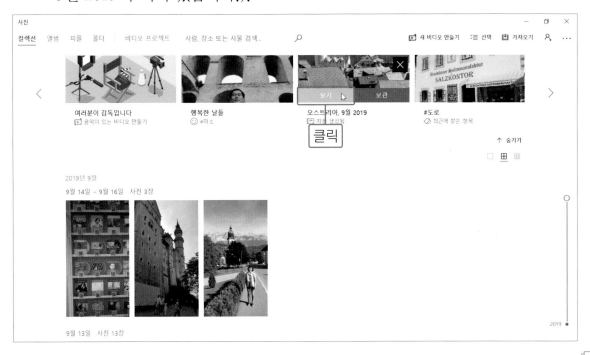

'자동 생성됨'이 안 보여요.

컴퓨터에 따라 생성되지 않을 수도 있고, 늦게 생성될 수도 있습니다. '자동 생성됨'이 보이지 않는다면 임의로 생성한 후 실습을 진행하면 됩니다.

❶ [사진] 창에서 [폴더] 탭을 클릭하고 '예제사진'을 선택합니다.

❷ [예제사진] 폴더에서 [새로 만들기]–[자동 비디오]를 선택합니다.

❸ 비디오 이름을 '오스트리아'라고 입력한 후 [확인] 버튼을 클릭합니다.

❹ 이후 **05**의 실습을 이어서 진행하면 됩니다.

04 앨범에 있는 사진들이 영상으로 만들어진 앨범 보기 화면이 나타납니다. [보기]를 클릭합니다.

05 다음과 같은 창이 나타나 음악과 함께 동영상이 자동으로 재생됩니다. 음악이나 편집스타일을 바꾸고 싶다면 [자신에 맞게 리믹스]를 클릭합니다.

[비디오 마침], [복사본 편집]은 '비디오 프로젝트'에 해당하는 내용입니다. [비디오 마침]은 별도의 동영상 파일을 만드는 작업입니다. [복사본 편집]은 '비디오 편집기'가 실행되면서 사용자가 직접 원하는 스타일로 편집할 수 있습니다. '비디오 프로젝트'는 다음 장에서 알아볼 것입니다.

06 동영상이 재편집되어서 재생됩니다. 마음에 들 때까지 반복할 수 있습니다.

07 이전으로 돌아가고 싶으면 ⟲(변경 내용 실행 취소)를 클릭합니다. ✕(닫기) 버튼을 클릭해 종료합니다.

01 앨범 보기 화면에서 [슬라이드쇼]를 클릭합니다.

02 전체 화면으로 사진이 순차적으로 나타나는 슬라이드 쇼가 진행됩니다. 마우스 포인터로 화면을 클릭하거나 Esc 키를 눌러 쇼를 마칩니다.

03 쇼에 없는 사진들을 추가해 보도록 하겠습니다. [사진 추가]를 클릭합니다. '컬렉션'에는 있지만 '오스트리아, 9월 2019' 앨범에는 없는 사진들이 구분되어 보입니다. 앨범에 없는 사진 하나를 선택한 후, [추가] 버튼을 클릭해 앨범에 추가합니다.

04 이번에는 '슬라이드 쇼'에서 빼고 싶은 사진을 선택해 제거해 보도록 하겠습니다. 앨범 보기 화면에서 사진 위로 마우스 포인터를 이동하면 상단에 □가 나타납니다. 제거할 사진의 □를 클릭하여 체크한 후, [앨범에서 제거]를 클릭합니다.

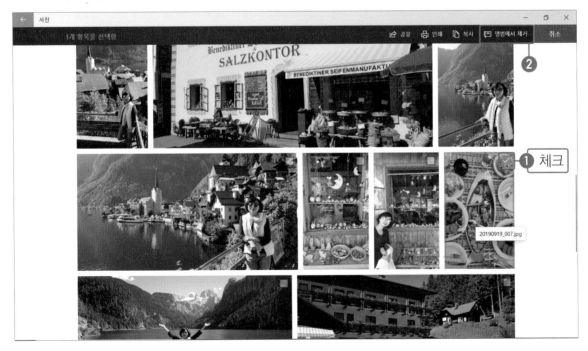

05 이 파일을 제거할지 묻는 메시지가 나타나면 [제거] 버튼을 클릭합니다.

06 사진이 앨범에서 제거된 것을 확인할 수 있습니다. [슬라이드 쇼]를 클릭해 감상해 봅니다. 슬라이드 쇼가 끝나면 ← (뒤로)를 클릭합니다.

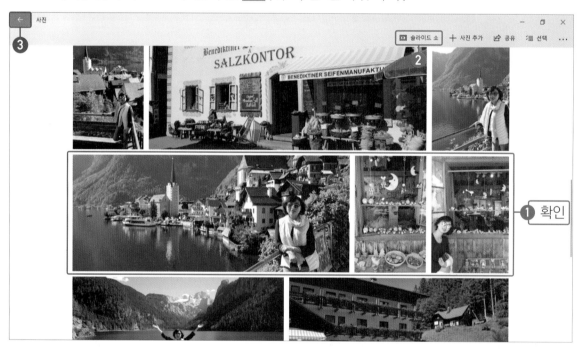

01 [사진] 창의 [컬렉션] 탭에서 보정할 사진(여기서는 '20190919_017')을 선택합니다.

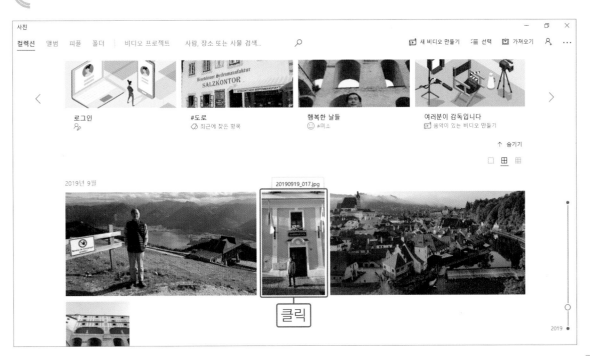

> **잠깐!** 사진 위로 마우스 포인터를 올려놓으면 파일 이름이 보입니다.

02 선택한 사진만 화면에 나타납니다. 예제 사진을 살펴보면 사진이 약간 기울어져 있고 인물 위로 공간이 너무 많이 나오고 있습니다. 또한 전반적으로 푸른 톤이라 사진이 약간 차갑게 느껴집니다. 간단한 작업으로 수정해 보겠습니다. 먼저 🔲(자르기)를 클릭합니다.

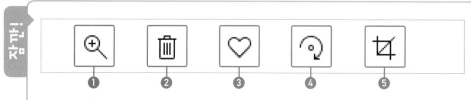

① **돋보기** : 슬라이드 바로 사진을 확대할 수 있습니다.

② **휴지통** : 사진을 삭제할 수 있습니다.

③ **즐겨찾기** : 사진을 즐겨찾기 하는 기능입니다.

④ **회전** : 사진을 회전합니다. 한 번 클릭할 때 마다 90 ° 씩 회전합니다.

⑤ **자르기** : 사진을 자를 수 있는 기능입니다. 클릭하면 [편집 및 만들기]의 하위 메뉴인 [편집] 모드로 진입합니다.

03 편집 모드로 화면이 전환됩니다. 오른쪽에 표시된 [자르기 및 회전]에서 [수평 조정]의 슬라이더를 오른쪽으로 약간(−1° 정도) 이동합니다. 위쪽의 ○ 모양 점을 아래로 드래그하여 윗부분을 잘라냅니다.

04 [필터]를 클릭하고 오른쪽에 표시된 [필터]의 [필터 선택]에서 'Sunscreen'을 선택합니다. [필터 강도]의 슬라이더를 왼쪽으로 약간(25% 정도) 이동해 과한 필터 효과를 줄이고 노란 톤을 주어 사진을 따뜻하게 보이도록 만듭니다. 작업이 끝나면 [복사본 저장] 버튼을 클릭합니다.

05 수정한 이미지가 화면에 나타납니다. 파일명이 변경된 것을 확인할 수 있습니다. ← (뒤로)를 클릭해 [사진] 창의 [컬렉션] 탭으로 돌아갑니다.

01 [사진] 창의 [컬렉션] 탭에서 보정할 사진(여기서는 '20190919_003')을 선택합니다.

02 예제 사진을 살펴보면 사진 왼쪽 상단의 노출이 조금 많습니다. 노출을 조금만 보정해 보겠습니다. 먼저 ⬚(자르기)를 클릭합니다.

03 [조정]을 클릭합니다. 오른쪽에 표시된 [조정]에서 [조명]을 클릭하여 메뉴를 확장시킨 후 다음 사항을 조절합니다.

실습에서 제안한 설정 값은 대략적인 수치입니다. 모니터와 환경에 따라 달리 보일 수 있습니다. 자신에게 맞춰 조절하여도 괜찮습니다.

04 이번에는 전반적인 톤을 조절해 보겠습니다. [색]을 클릭하여 메뉴를 확장한 후, [따뜻 함]의 슬라이더를 오른쪽으로 약간(6 정도) 이동해 푸른 톤을 줄여 줍니다. [복사본 저 장] 버튼을 클릭하여 마무리합니다.

05 ☒(닫기) 버튼을 클릭해 '사진' 앱을 종료합니다.

1 앨범 제목은 '유럽 투어'로, 여행 사진이 포함된 앨범을 만들어 봅니다.

2 '컬렉션'에서 사진(여기서는 '20190919_014')을 찾아 아래 부분을 잘라낸 후, 저장해 봅니다.

3 '컬렉션'에서 사진(여기서는 '20190919_018')을 선택해 흑백으로 만들고, 사진의 가장자리를 어둡게 만든 후 저장해 봅니다.

4 보정한 복사본은 '유럽 투어' 앨범에 추가하고, 보정한 복사본의 원본 사진이 '유럽 투어' 앨범에 있다면 제거해 봅니다.

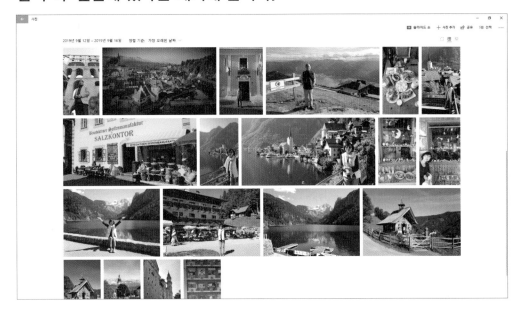

나도 이제 크리에이터 II

학습 포인트

- 영상 회전 및 자르기
- 이미지로 영상 제작
- 배경 음악 삽입 및 변경
- 동작 효과 적용
- 재생 시간 조정
- 영상 합성
- 사용자 지정 오디오
- 텍스트 추가

시중에는 무료부터 고가의 상업용까지 매우 다양한 영상 편집 소프트웨어들이 나와 있습니다. 사용자의 취향과 목적에 맞게 선택하여 기능을 익히면 됩니다. 이번 장에서는 가볍게 편집하고 범용으로 누구나 사용할 수 있는 윈도우 10에 기본 내장된 '비디오 편집기'에 대해서 알아보겠습니다.

미리보기

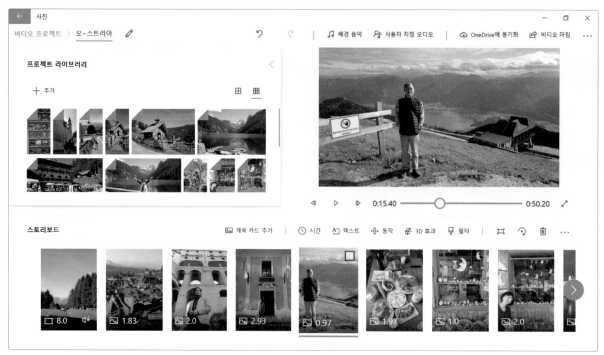

◉ 준비파일 : [예제동영상] 폴더, [예제사진] 폴더, [예제음악] 폴더

Step 01　비디오 프로젝트

[시작(■)]-[사진]을 선택한 후 [비디오 프로젝트] 탭을 클릭하거나 [시작(■)]-[비디오 편집기]를 선택하여 영상 프로젝트를 기획할 수 있습니다. 여행 영상들을 만드는 프로젝트가 될 수도 있고, 우리 아이 성장 동영상 프로젝트가 될 수도 있습니다.

[새 비디오 프로젝트]나 [새 비디오 만들기]를 클릭하면 영상 프로젝트를 시작합니다.

① 편집할 영상의 프로젝트를 만듭니다.

② 윈도우가 자동으로 만드는 영상입니다. 사용자는 사진이나 영상을 선택만 하면 됩니다.

③ 미완성되었거나 완성했지만 수정하고 싶어서 백업을 해놓은 프로젝트를 불러와 재편집을 할 수 있습니다.

> 같은 Windows 10이라도 'Windows 10 Home'과 'Windows 10 Pro' 등의 설치 종류 및 업데이트 유무에 따라 기능 위치나 모습이 다를 수 있습니다.

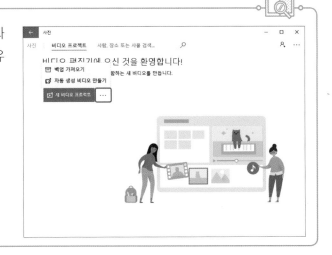

'새 비디오 만들기'의 편집 화면 구성 알아보기

[새 비디오 프로젝트]나 [새 비디오 만들기]를 클릭하여 영상 프로젝트를 시작하면 다음과 같은 화면이 나타납니다.

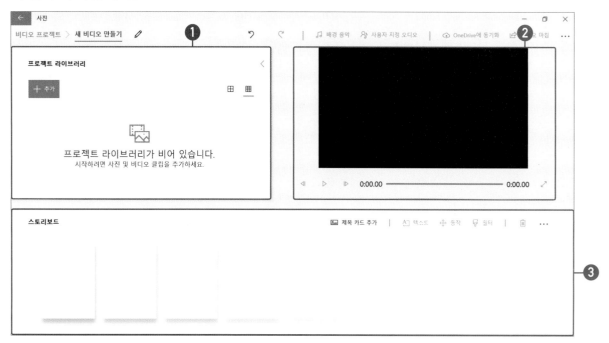

① **프로젝트 라이브러리** : 편집에 사용될 재료(소스)인 영상 또는 사진들을 볼 수 있는 창입니다.

② **프리뷰 모니터** : 라이브러리의 파일들과 스토리보드에서 편집되는 영상들을 확인할 수 있습니다.

③ **스토리보드** : 동영상이나 사진들을 배열시켜 편집하는 장소입니다.

02 | 실력 다듬기 　 비디오 편집하기-1

Step 01　'컬렉션'에 동영상 추가하기

01 [시작(■)]-[사진]을 선택합니다.

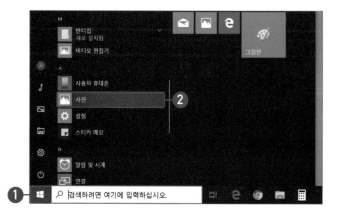

02 [사진] 창이 나타나면 [컬렉션] 탭에서 [가져오기]-[폴더에서 가져오기]를 선택합니다.

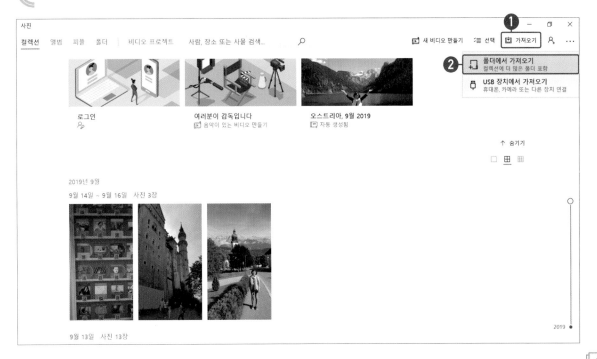

꿀팁 '사진' 앱은 라이브러리와 연동되어 [사진] 폴더는 자동으로 인식되어 파일들을 불러오지만, [동영상] 폴더는 사용자가 직접 폴더를 추가해야 합니다.

03 [폴더 선택] 대화상자가 나타나면 라이브러리에 추가해 놓은 동영상 폴더(여기서는 [라이브러리]-[비디오]-[동영상 모음])를 찾습니다. [이 폴더를 사진에 추가] 버튼을 클릭하여 폴더를 추가합니다.

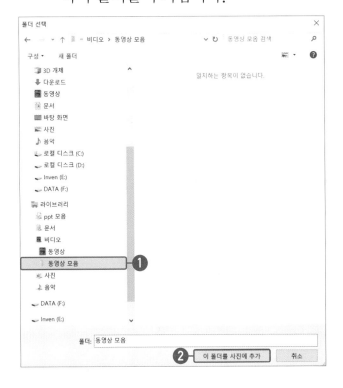

꿀팁
• 💿집중도를 높이는 정리정돈에서 [동영상 모음] 폴더를 '라이브러리'에 포함시켰기 때문에 목록에서 확인할 수 있습니다.
• 목록에 표시되지 않은 경우 제공하는 자료 중 [예제동영상] 폴더의 파일들을 활용하거나 사용자의 컴퓨터에 보관 중인 파일 중 임의의 동영상 파일이 들어 있는 폴더를 활용하여 실습합니다.

04 컬렉션에 동영상들이 추가된 것을 확인할 수 있습니다.

컬렉션에 동영상이 안 보여요!

간혹 컴퓨터에 따라 동영상이 [컬렉션] 탭의 목록에서 안 보일 수 있습니다. 보통 폴더의 이름을 바꾸면 해결됩니다. [동영상 모음] 폴더의 경우 이름을 'Video'나 띄어쓰기 없이 '동영상모음'으로 바꿔 보세요.

Step 02 영상 수정하기

01 컬렉션에서 동영상(여기서는 '20190914_005.mp4')을 클릭합니다.

02 동영상이 재생됩니다. 여기서는 선택한 영상이 화면이 세로로 서 있는 것을 확인할 수 있습니다. ← (뒤로)를 클릭해 컬렉션 화면으로 돌아옵니다.

03 선택할 영상 위로 마우스 포인터를 이동하면 상단에 □ 표식이 나타납니다. □를 클릭하여 체크한 후, [새 비디오 만들기]-[새 비디오 프로젝트]를 선택합니다.

04 [비디오 이름 지정] 대화상자가 나타나면 '영상 수정'이라 입력한 후 [확인] 버튼을 클릭합니다.

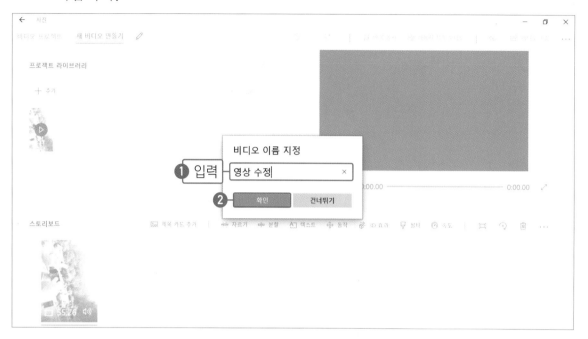

05 프리뷰 모니터에서 ▷(재생) 버튼을 클릭해 영상을 재생시킨 후 5초 정도에서 ‖(일시 중지) 버튼을 클릭해 멈추고 스토리보드에서 ⟳(회전)을 세 번 클릭합니다.

잠깐! **Space Bar** 키 또는 **K** 키를 한 번씩 누를 때마다 재생과 일시 중지가 반복됩니다.

잠깐! 사용자의 화면과 교재의 [스토리보드]의 썸네일은 다를 수 있습니다. 틀렸거나 오류가 아닙니다. 모양은 무시하고 따라하기를 계속 진행하면 됩니다.

다른 썸네일 예 ▶

06 ▷(재생) 버튼을 클릭해 화면이 정상으로 재생되는 것을 확인합니다.

07 ‖(일시 중지) 버튼을 클릭해 멈추고 슬라이더(◯)를 손이 치워지는 부분(약 4.70초 정도)으로 이동한 후, [자르기]를 클릭합니다.

> ◁(이전 프레임) 버튼 또는 J 키나 ▷(다음 프레임) 버튼 또는 L 키를 눌러 조절할 수도 있습니다.

08 화면이 바뀌고 하단에 범위를 정할 ◢(자르기의 시작)과 ◣(자르기의 끝) 포인터가 나타 납니다. ◢(자르기의 시작)을 자를 위치까지 이동한 후, [완료] 버튼을 클릭합니다.

09 수정된 동영상을 별도의 파일로 만들기 위해 [비디오 마침]을 클릭합니다.[비디오 마침] 대화상자가 나타나면 [비디오 화질]은 '높음 1080P(권장)'으로 자동 선택된 상태로 그냥 두고 [내보내기] 버튼을 클릭합니다.

10 [다른 이름으로 저장] 대화상자가 나타나면 동영상이 저장될 폴더를 지정(여기서는 [라이브러리]-[비디오]-[동영상 모음])한 후 [파일 이름]은 '영상 수정1-퍼레이드'라 입력하고 [내보내기] 버튼을 클릭합니다.

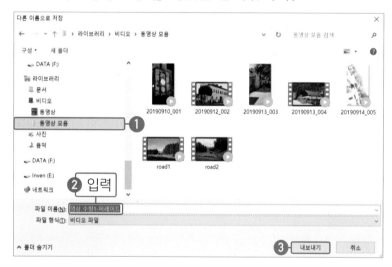

11 렌더링이 끝나면 미리 보기가 자동 재생됩니다. 영상을 모두 확인한 후, ⊠(닫기) 버튼을 클릭해 종료합니다.

폴더에는 별도의 동영상 파일이 만들어진 것을 확인할 수 있습니다.

03 | 실력 다듬기 비디오 편집하기-2

Step 01 사진들로 영상 만들기

01 [컬렉션] 탭에서 영상으로 만들 사진들(여기서는 [사진 모음] 폴더의 파일 전부)을 클릭하여 체크한 후, [새 비디오 만들기]-[새 비디오 프로젝트]를 선택합니다.

목록에 표시되지 않는 경우 제공하는 자료 중 [예제사진] 폴더의 파일들을 활용하거나 사용자의 컴퓨터에 보관 중인 파일 중 임의의 사진 파일이 들어 있는 폴더를 활용하여 실습합니다.

02 [비디오 이름 지정] 대화상자가 나타나면 '오~스트리아'라고 입력한 후 [확인] 버튼을 클릭합니다.

03 프리뷰 모니터에서 ▷(재생) 버튼을 클릭해 영상을 확인합니다. 사진이 3초씩 순서대로 재생되는 것을 확인한 후, ❚❚(일시 중지) 버튼을 클릭합니다.

04 드래그하여 사진을 원하는 순서대로 배치합니다.

05 중복되는 사진이나 영상에 담고 싶지 않은 사진을 선택한 후 마우스 오른쪽 버튼을 클릭해 [이 사진 제거]를 선택합니다.

사진 제거는 스토리보드에서 사진을 선택한 후, Delete 키를 눌러도 됩니다.

06 [배경 음악]을 클릭합니다.

07 [배경 음악 선택] 대화상자가 나타나면 배경 음악 목록을 아래로 내려 '나와 함께 가요'를 선택합니다. ▷(재생) 버튼을 클릭하여 재생해 보고 마음에 드는 곡을 골라도 됩니다.). '비디오를 음악 비트와 동기화'에 체크하고, [음악 볼륨]을 '70'정도로 조정한 후, [완료] 버튼을 클릭합니다.

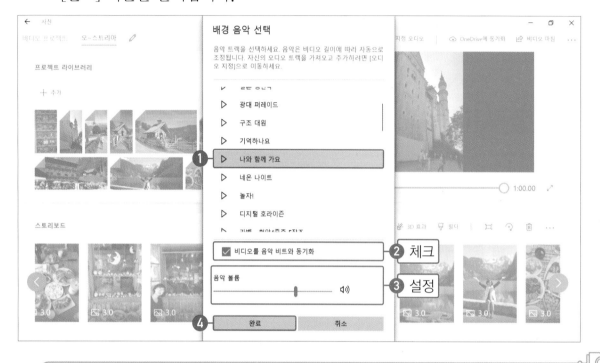

잠깐만! 음악 볼륨은 현재 컴퓨터 볼륨이 아니라 영상에 들어가는 음악 볼륨을 정하는 것입니다.

08 사진들의 시간이 변경된 것을 알 수 있습니다. 프리뷰 모니터에서 ▷(재생) 버튼을 클릭해 음악의 비트에 맞춰 영상이 진행되는 것을 확인합니다.

09 컷으로만 진행되기에 영상이 밋밋해 보이므로, 애니메이션 효과를 적용하기 위해 첫 번째 사진을 선택하고 [동작]을 클릭합니다.

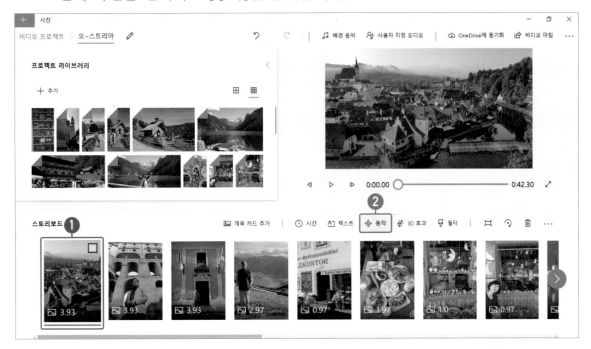

10 화면이 바뀌면 오른쪽의 [동작] 목록에서 '왼쪽에서 확대'를 선택한 후, ▷(재생) 버튼을 클릭해 확인합니다. 동작(애니메이션) 효과가 마음에 들면 [완료] 버튼을 클릭합니다.

11 두 번째 사진을 선택하고 [동작]을 클릭합니다.

12 [동작] 목록에서 '위로 기울이기'를 선택한 후 ▷(재생) 버튼을 클릭해 확인합니다. [완료] 버튼을 클릭합니다.

13 같은 사진에서 [시간]을 클릭합니다. 시간을 '2'초 정도로 조절합니다.

14 같은 방법으로 나머지 사진들의 시간과 동작을 수정합니다. 작업이 끝나면 [비디오 마침]을 클릭하여 내보내기를 합니다.

15 [다른 이름으로 저장] 대화상자가 나타나면 동일한 폴더에 파일 이름은 '오~스트리아 2019'로 하고 내보내기를 합니다.

16 자동 재생 화면의 영상을 모두 확인한 후, ⊠(닫기) 버튼을 클릭해 종료합니다.

01 [프로젝트 라이브러리]에서 [추가]-[컬렉션에서]를 선택합니다.

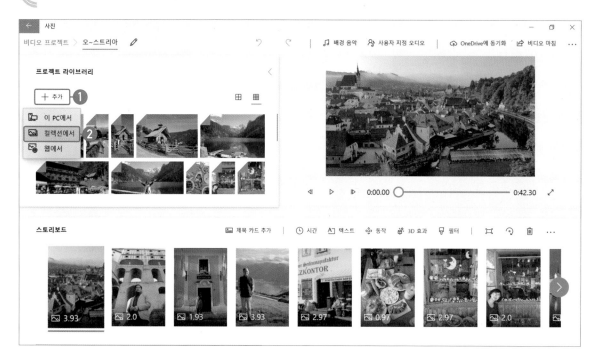

02 추가할 동영상을 선택(여기서는 'road1.mp4')하고 [추가] 버튼을 클릭합니다.

03 추가된 동영상(여기서는 'road1.mp4')을 스토리보드의 맨 앞으로 드래그합니다.

04 영상의 시간이 자동으로 변경됩니다. 프리뷰 모니터에서 재생을 해봅니다. 예제의 경우 영상의 시간이 너무 짧고 소리가 들어가 있어 수정을 할 필요가 있습니다.

05 스토리보드에 있는 영상(여기서는 'raod1.mp4')을 선택합니다. 스피커 모양의 🔊(볼륨 조정) 아이콘을 두 번 클릭하여 음소거합니다. 아이콘의 모습이 🔇으로 변경됩니다. 영상 속의 소리가 꺼진 것을 확인한 후 [자르기]를 클릭합니다.

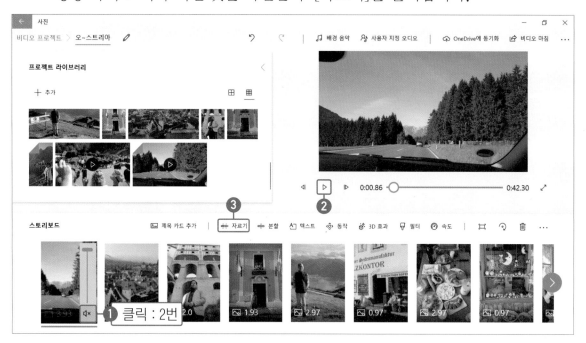

06 ⬛(자르기의 끝)을 이동하여 영상의 시간을 '8'초 정도로 조정합니다. [완료] 버튼을 클릭합니다.

07 [텍스트]를 클릭합니다.

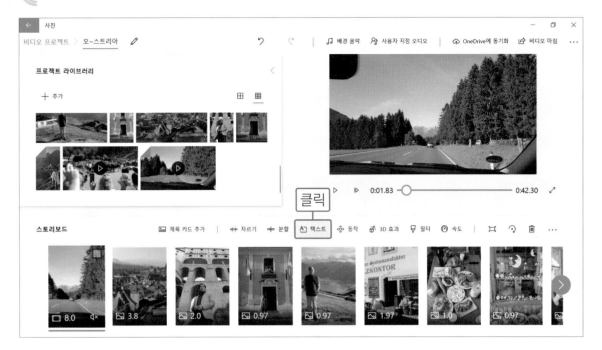

08 텍스트 입력란에 '오~~~~스트리아'라 입력하고 [애니메이션 텍스트 스타일]은 '즐거움', [레이아웃]은 '타이틀 1'을 선택합니다. ▷(재생) 버튼을 클릭해 확인합니다.

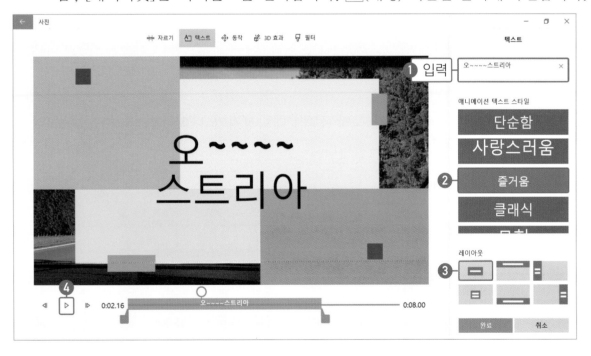

09 ◣(자르기의 시작)과 ◥(자르기의 끝)의 위치를 동영상의 중간 정도로 이동하여 타이틀의 표시 시간을 조절한 후, ▷(재생) 버튼을 클릭해 확인합니다. [완료] 버튼을 클릭합니다.

Step 03 원하는 음악으로 배경 음악 교체하기

01 [배경 음악]을 클릭합니다. [배경 음악 선택] 대화상자가 나타나면 배경 음악을 '없음'으로 선택하고 [완료] 버튼을 클릭합니다.

02 [사용자 지정 오디오]를 클릭합니다.

03 [오디오 파일 추가] 버튼을 클릭합니다. [열기] 대화상자가 나타나면 삽입하고 싶은 음악 파일(여기서는 [라이브러리]의 [음악] 폴더에서 '음악2.mp3')을 찾아 선택하고 [열기] 버튼을 클릭합니다.

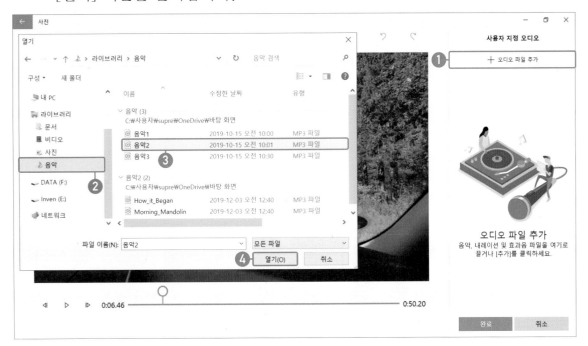

[라이브러리]의 [음악] 폴더에 음악이 없다면 제공하는 자료 중 [예제음악] 폴더의 파일들을 활용하거나 사용자의 컴퓨터에 보관 중인 파일 중 임의의 음악 파일을 활용하여 실습합니다.

04 영상의 전체 구간으로 맞춰 오디오 클립을 조정한 후, ▷(재생) 버튼을 클릭해 확인합니다. [완료] 버튼을 클릭합니다.

05 ▷(재생) 버튼을 클릭합니다. 수정할 부분이 있으면 수정을 한 후 [비디오 마침]을 클릭해 '오~~~~스트리아'라는 이름으로 내보내기하여 영상을 확인합니다.

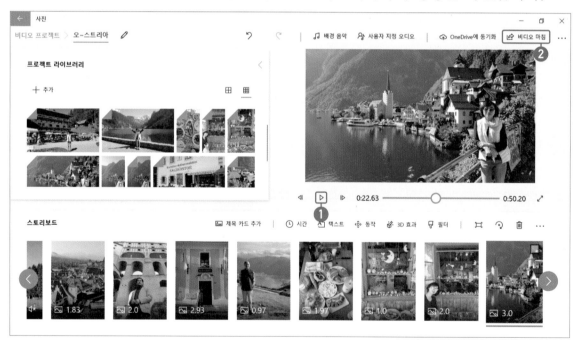

06 ×(닫기) 버튼을 클릭해 '사진' 앱을 종료합니다.

1 '오~스트리아' 비디오 프로젝트를 열어 '영상 수정1−퍼레이드.mp4' 동영상을 추가해 다음과 같이 만들어 봅니다.

- 영상 삽입 위치 : 스토리보드 중간(33초 정도)
- 볼륨 조정 : 음소거
- 동영상 길이 : 10초
- 텍스트 입력 및 효과 : '가을 축제', [모험], [아래쪽]

> 힌트 '오~스트리아' 비디오 프로젝트와 '영상 수정1−퍼레이드.mp4'는 본문 실습을 통해 만들어진 결과물입니다. 없으면 작업 후 문제를 풀어 봅니다.

2 문제 [1]의 프로젝트에서 [라이브러리]의 [음악] 폴더에 있는 '음악3.mp3' 파일을 불러온 후, 두 개의 음악을 연결시켜 봅니다.

> 힌트 [라이브러리]의 [음악] 폴더에 음악이 없다면 제공하는 자료 중 [예제음악] 폴더의 파일들을 활용하거나 사용자의 컴퓨터에 보관 중인 파일 중 임의의 음악 파일을 [사용자 지정 오디오]에서 가져와 문제를 풀어 봅니다.

알아두면 좋은 꿀 팁

학습 포인트

- '스티커 메모' 앱
- 새 메모
- 메모 서식 변경
- 메모 그림 삽입
- 메모 삭제
- '날씨' 앱
- 과거 날씨
- 즐겨 찾는 장소 날씨

2% 부족함을 채워주는 앱들이 있습니다. 없을 때도 큰 불편은 없지만, 막상 필요할 때 요긴하게 쓰이는 앱들입니다. 이번 장에서는 윈도우 10에 기본 내장되어 있는 '메모' 앱 과 '날씨' 앱에 대해 알아보도록 하겠습니다.

 미 리 보 기

Step 01　**간단한 일정을 기록할 때 필요한 스티커 메모**

'포스트 잇'이라 불리는 스티커 메모를 사용한 적이 있나요? 스티커 메모는 짧은 내용을 적고, 눈에 띄는 곳에 붙여 놨다 쉽게 버릴 수 있어 편리한 도구입니다. 윈도우 10에는 이와 같이 바탕 화면에 착 붙어 편리하게 입력했다 지웠다를 할 수 있는 '스티커 메모' 앱이 지원되고 있습니다. 일일이 문서 앱을 불러와 작성하고 저장 장치에 저장하는 일들을 할 필요가 없습니다. 또한 앱을 닫거나 메모를 삭제하지 않는 한 컴퓨터를 재부팅하더라도 바탕 화면에 계속 붙어 있습니다. [시작(⊞)]–[스티커 메모]를 선택하면 다음과 같은 형태의 메모가 나타납니다.

① 새 메모 : 스티커 메모를 추가합니다.

② 메뉴 : 메모의 색 바꾸기, 노트 목록 불러오기, 메모 삭제를 할 수 있습니다.

③ 굵게 : 글꼴을 굵게 표현합니다.

④ 기울임꼴 : 글꼴을 기울임꼴로 표현합니다.

⑤ 밑줄 : 글에 밑줄을 만듭니다.

⑥ 취소선 : 글에 취소선을 긋습니다.

⑦ 글머리 기호 전환 : 글머리 서식을 만듭니다.

⑧ 이미지 추가 : 이미지를 추가합니다.

장마철이나 봄, 가을과 같은 날씨 변화가 많은 날에는 날씨를 미리 파악해 두는 것이 도움이 됩니다. 윈도우 10의 '날씨' 앱은 자신이 설정한 지역의 일주일의 날씨, 그리고 오늘의 시간별 날씨 변화를 미리 알려줍니다. 날씨뿐만 아니라 습도와 자외선 지수, 강수량 등도 알아볼 수 있습니다.

[시작(⊞)]-[날씨]를 선택하면 다음과 같은 창이 나타납니다.

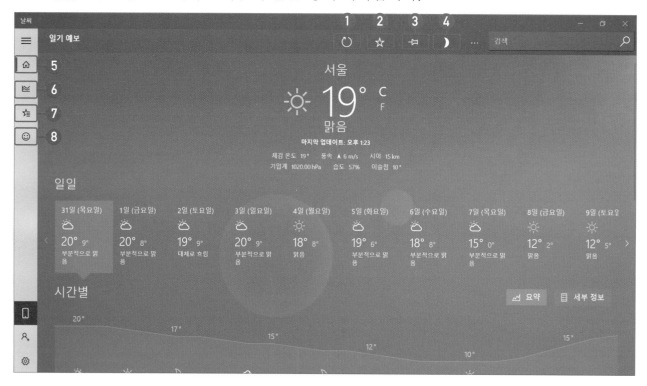

① 새로 고침 : 날씨 상태를 업데이트 하여 실시간으로 반영합니다.

② 즐겨찾기에 추가 : 선호하는 지역들을 추가하고 삭제할 수 있습니다.

③ 고정 : 현재 지역의 날씨를 별도로 윈도우 시작 화면의 타일로 추가할 수 있습니다.

④ 어두운 테마 켜기 : '날씨' 앱의 스타일을 어둡게 합니다.

⑤ 일기 예보 : '날씨' 앱을 실행하면 보이는 기본 화면입니다.

⑥ 과거 날씨 : 지난 날씨를 월별로 보여 줍니다.

⑦ 즐겨찾기 : 선호하는 지역을 만들 수 있습니다.

⑧ 피드백 보내기 : 'Microsoft'사에 피드백 할 수 있는 기능입니다.

Step 01 | 스티커 메모 만들기

01 [시작(⊞)]–[스티커 메모]를 선택합니다.

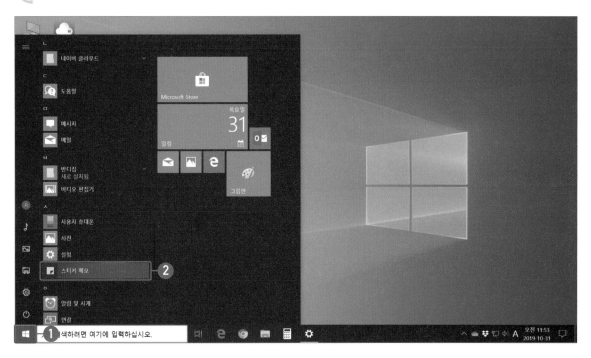

02 스티커 모양의 메모가 나타납니다. 메모의 가장자리로 마우스 포인터를 이동한 후 마우스 포인터의 모습이 화살표 모양으로 변경되면 드래그하여 크기를 조절합니다.

잠깐 이전에 스티커 메모를 실행하여 작성한 적이 있다면 기존에 작성한 메모가 표시됩니다. 종료 위치에 따라 스티커 메모 목록 창이 함께 나타나기도 합니다. ⊞ (새 메모) 버튼을 클릭해 새 메모를 생성한 후 실습하도록 합니다.

03 다음과 같은 내용을 입력합니다.

생일 케이크 주문하기 [Enter]
[Enter]
홍길동 주임 [Enter]
010-1234-5678 [Enter]

04 강조할 내용을 드래그하여 블록으로 지정한 후 **B**(굵게)를 클릭해 스타일을 적용합니다.

05 ➕(새 메모) 버튼을 클릭합니다.

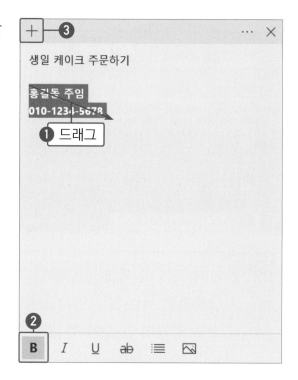

06 새로운 메모가 추가되면 ≣(글머리 기호로 전환)을 클릭하고 다음과 같은 내용의 할 일 목록을 입력합니다.

미팅 약속 날짜 정하기 [Enter]
헬스장 등록하기 [Enter]
누나에게 송금하기 [Enter]
재산세 납부하기 [Enter]

07 '미팅 약속 날짜 정하기'를 드래그하여 블록으로 지정한 후 ab(취소선)을 클릭합니다.

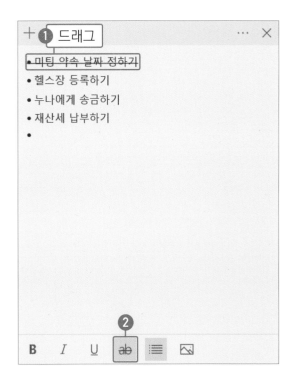

08 '누나에게 송금하기'를 드래그하여 블록으로 지정한 후 ab(취소선)을 클릭합니다. 실행된 일정과 실행되지 못한 일정이 구분됩니다.

Step 02 스티커 메모의 색 변경 및 이미지 삽입하기

01 +(새 메모) 버튼을 클릭합니다.

02 추가된 새 메모의 ⋯(메뉴) 버튼을 클릭합니다.

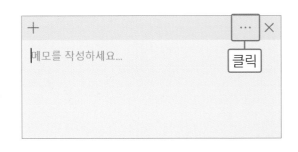

03 색을 선택합니다.

04 메모의 색상이 변경됩니다. 🖼(이미지 추가)를 클릭합니다.

05 [열기] 대화상자가 나타나면 사진을 선택하고 [열기] 버튼을 클릭합니다.

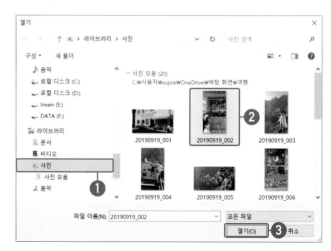

06 메모에 사진이 삽입됩니다. 사진을 마우스 오른쪽 버튼으로 클릭한 후, [이미지 보기]를 선택합니다.

잠깐!
- 메모에 삽입된 이미지를 지우려면 바로 가기 메뉴에서 [이미지 삭제]를 선택하면 됩니다.
- 이미지가 이미 저장되어 있는 사진이기 때문에 [장치에 저장]을 따로 할 필요는 없습니다.

07 삽입된 이미지를 확인할 수 있습니다. ☒(닫기) 버튼을 클릭합니다.

Step 03 **스티커 메모 숨기기/표시하기 및 삭제하기**

01 처음 작성한 메모를 제외하고 나머지 2개 메모의 ☒(닫기) 버튼을 클릭합니다.

02 ⋯(메뉴) 버튼을 클릭한 후, [노트 목록]을 선택합니다.

03 스티커 메모 목록 창이 나타납니다. 스티커 메모 목록에는 닫은 메모를 포함한 작성한 스티커 메모 항목들이 보입니다. 사진이 삽입된 메모를 더블 클릭합니다.

04 선택한 메모가 다시 바탕 화면에 나타납니다. 메모 창에서 ⋯(메뉴) 버튼을 클릭한 후, [메모 삭제]를 선택합니다.

'스티커 메모'는 삭제되더라도 휴지통으로 가지 않고 완전히 삭제됩니다. 지울 때 신중하여야 합니다.

05 삭제를 묻는 메시지가 나타나면 [삭제] 버튼을 클릭합니다. 바탕 화면에서 메모가 사라지고, 스티커 메모 목록 창의 항목에서도 사라진 것을 확인할 수 있습니다.

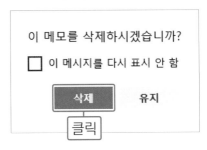

01 [시작(⊞)]–[날씨]를 선택합니다.

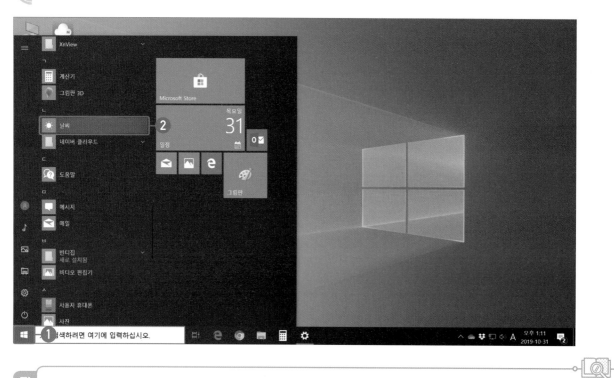

'날씨' 앱이 설치되어 있지 않다면 'Microsoft Store'에서 'MSN 날씨'를 검색해 설치를 합니다.

02 앱을 처음 실행한 것이면 자신의 지역과 온도 표시를 설정을 해 주어야 합니다. [온도 표시]는 '섭씨'로, [검색] 창에는 '서울'을 입력합니다. '서울특별시' 위치가 바로 설정됩니다. 선택을 하고 [시작] 버튼을 클릭합니다.

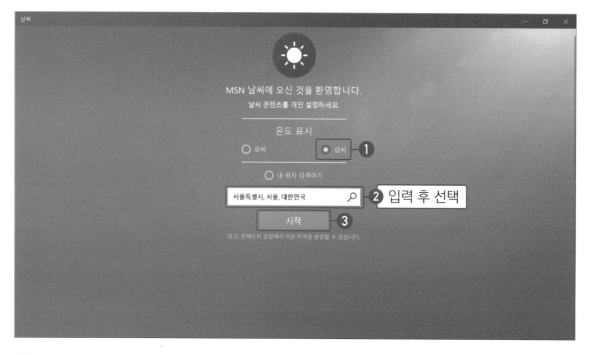

03 현재 위치의 날씨가 표시됩니다. 상하 막대(스크롤 바)를 아래로 내려 봅니다.

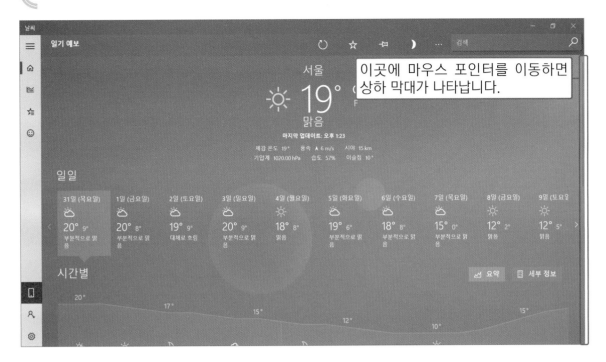

04 일별 날씨 예보와 기온, 강수량 등을 확인할 수 있습니다. 왼쪽 메뉴에서 ⬚(과거 날씨)를 클릭합니다.

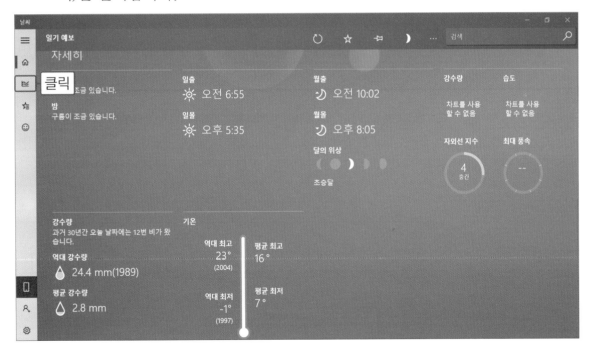

05 현재 지역의 지난 월별 '기온', '강수량', '눈 온 날'등을 확인할 수 있습니다. 왼쪽 메뉴에서 ☆≣(즐겨찾기)를 클릭합니다.

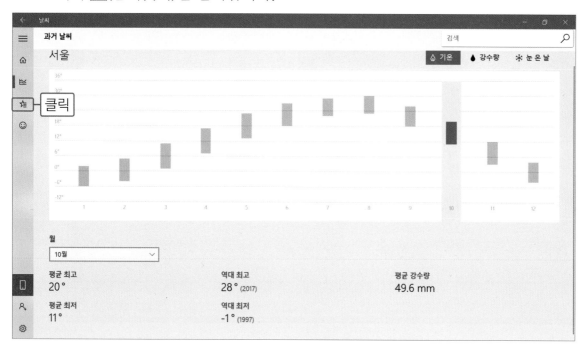

06 좋아하는 장소를 추가할 수 있습니다. ＋ (추가) 버튼을 클릭합니다.

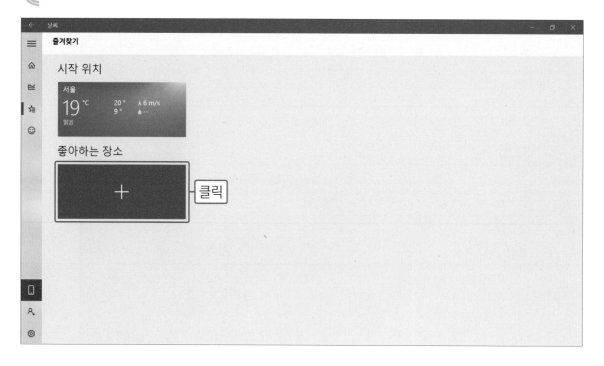

07 [즐겨찾기에 추가]에 '로스앤젤레스'를 입력합니다.

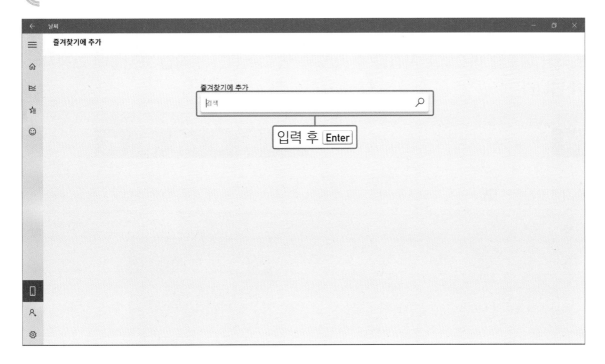

08 같은 방법으로 또 다른 지역도 추가해 봅니다.

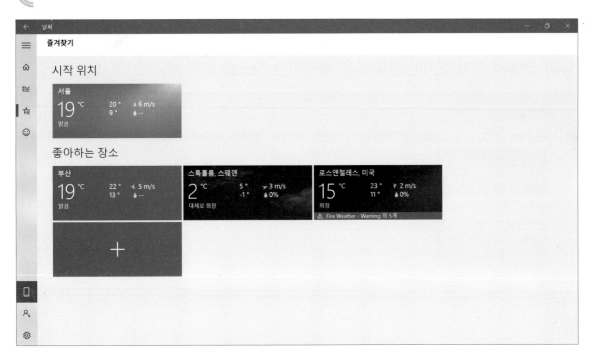

09 ☒(닫기) 버튼을 클릭해 '날씨' 앱을 종료합니다.

1 스티커 메모를 바로바로 사용할 수 있도록 윈도우 하단의 작업 표시줄에 고정시켜 봅니다.

힌트! 작업 표시줄의 ▪를 마우스 오른쪽 버튼으로 클릭한 후 [작업 표시줄에 고정]을 선택합니다.

2 '날씨' 앱에서 즐겨 찾기에 등록해 둔 좋아하는 장소를 모두 제거해 봅니다.

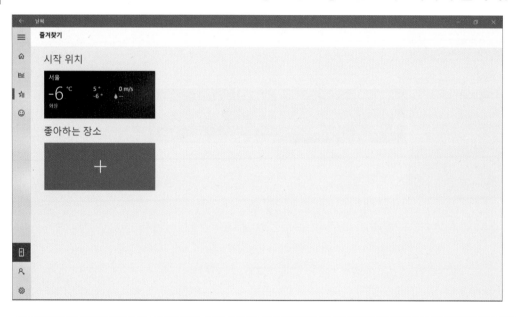

힌트! 삭제할 장소를 마우스 오른쪽 버튼으로 클릭한 후, [즐겨찾기에서 제거]를 선택합니다.

10 나도 이제 파워유저

학습 포인트

- 알림 센터
- 집중 지원 모드
- 야간 모드
- 작업 관리자
- 앱 강제 종료
- 문제 해결사

윈도우 10의 환경설정에는 많은 기능들이 숨어 있습니다. 그 많은 기능들을 다 다룰 수 있다면 좋겠지만 전부를 다 알고 있는 사람들은 아마 손에 꼽을 정도일 것입니다. 여기서는 많이 쓰는 기능 몇 가지를 다뤄 보도록 하겠습니다.

 미리보기

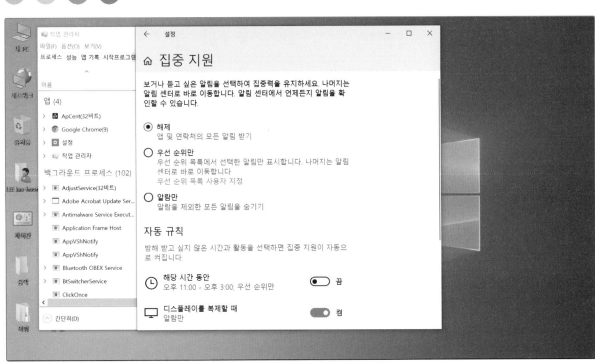

Step 01 집중 지원 모드

윈도우 10의 집중 지원 모드는 사용자의 설정에 따라 전체 또는 일부 앱의 알람만 받거나 시간을 정해 그 시간에는 알림을 아예 받지 않을 수 있습니다. 일을 하는 도중에는 메신저 알림이나 메일 도착 알림 같은 소리에 방해를 받기를 원하지 않는 사람들에게 유용한 기능입니다.

🖵(알림 센터) 아이콘을 클릭하여 나타난 화면이나 [시작(🪟)]-[설정(⚙)]을 클릭해 나타난 [설정] 창의 [시스템]에서 [집중 지원]을 설정할 수 있습니다.

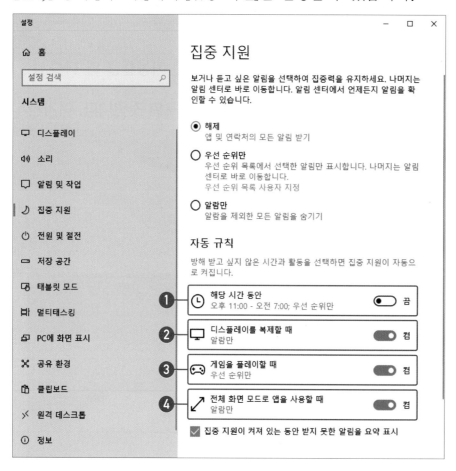

① 설정한 시간 동안만 '집중 지원'이 켜져 알림을 받지 않습니다.

② 프로젝터나 TV로 프레젠테이션 등을 진행할 때 알림을 꺼 둘 수 있습니다.

③ 게임을 할 때 알림을 꺼 둘 수 있습니다.

④ 영화 감상이나 사진 감상 등 전체 화면 사용 시 알림을 꺼 둘 수 있습니다.

야간 모드

요즘 시대는 '디스플레이의 공해'라 불릴 만큼 사람들은 수많은 디스플레이 장치에 노출되어 있습니다. 모니터에서 나오는 블루라이트 파장은 우리의 눈을 쉽게 피로하게 하고, 눈이 피로해지면 몸 전체가 피로함을 느끼게 됩니다. 특히 낮보다는 저녁 이후의 블루라이트는 눈 건강에 심각한 악영향을 미칩니다. 윈도우 10에서 제공하는 '야간 모드'는 모니터의 블루라이트를 차단하여 눈의 피로함을 늦추게 만드는 기능입니다.

🖃(알림 센터) 아이콘을 클릭하여 나타난 화면이나 [시작(⊞)]-[설정(⚙)]을 클릭해 나타난 [설정] 창의 [시스템]-[디스플레이]-[색]에서 [야간 모드]를 설정할 수 있습니다.

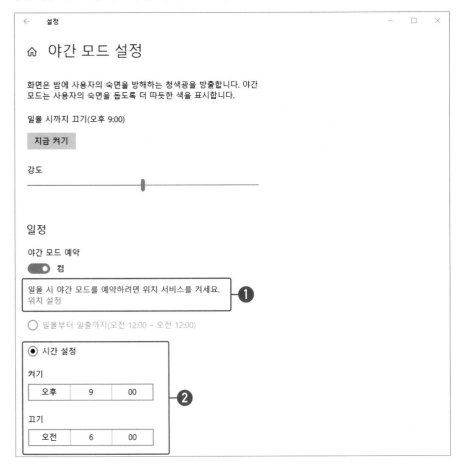

① 윈도우가 자동으로 일몰에 맞춰 '야간 모드'를 실행하게 하려면 위치 설정을 켜 주면 됩니다. '날씨' 앱에서 설정한 동일한 설정입니다.

② 사용자가 '야간 모드'의 켜지는 시간과 꺼지는 시간을 설정할 수 있습니다.

윈도우를 사용하다 보면 원인 모를 이유로 앱이 멈춰버리거나 컴퓨터가 작동을 하지 않을 때가 있습니다. 특별히 내가 건드린 것도 없는데 이런 현상이 나타난다면 당황한 나머지 컴퓨터 전원을 강제로 꺼버리는 경우가 종종 있습니다. 그래서 저장하지 못한 데이터를 잃어버리는 일이 발생하기도 합니다. 윈도우 10에 내장된 '문제 해결사'를 통해 내 컴퓨터에 어떤 문제가 있는지 점검하고 '작업 관리자'로 응답 없는 앱을 강제 종료할 수 있습니다.

[시작(▦)]-[설정(⚙)]을 클릭해 나타난 [설정] 창의 [업데이트 및 보안]-[문제 해결]에서 설정할 수 있습니다.

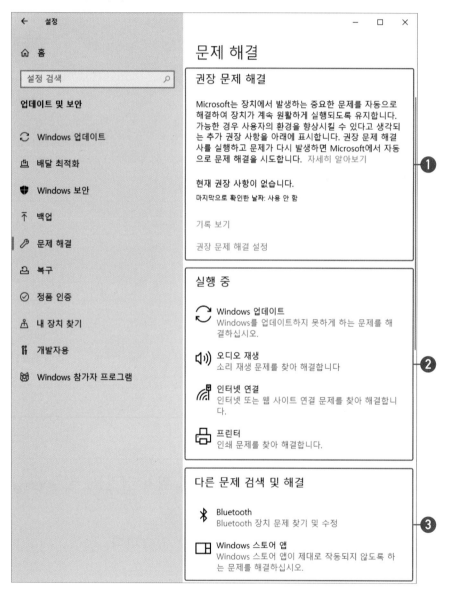

① 문제가 생겼을 때 권장하는 해결 방법을 제시합니다.

② 현재 실행되고 있는 '업데이트', '오디오', '인터넷', '프린터'와 관련해서 문제를 알려주고 '문제 해결사'를 실행할 수 있습니다.

③ 기타 하드웨어와 윈도우 관련 '문제 해결사'를 실행할 수 있습니다.

01 작업 표시줄 오른쪽의 ▣(알림 센터) 아이콘을 클릭하여 알림 센터를 엽니다. 꺼져 있는 [집중 지원] 버튼을 클릭합니다.

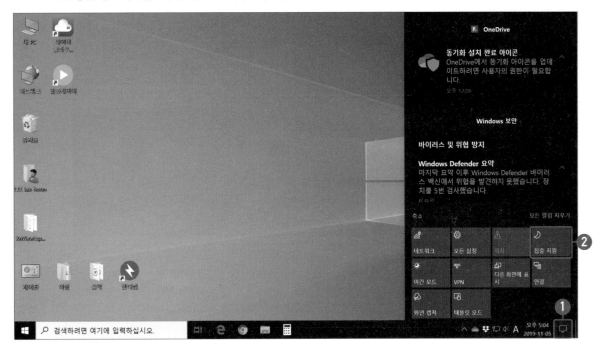

02 알람을 제외한 모든 알림이 꺼집니다. 한 번 더 [집중 지원] 버튼을 클릭합니다. 사용자가 설정한 앱들을 제외한 모든 알림이 꺼집니다. 한 번 더 [집중 지원] 버튼을 클릭하면 [집중 지원] 버튼이 꺼집니다.

 ▷  ▷

▣(알림 센터) 아이콘을 마우스 오른쪽 버튼으로 클릭하면 바로 '집중 지원' 모드를 적용할 수 있습니다.

03 [집중 지원] 버튼을 마우스 오른쪽 버튼으로 클릭한 후, [설정으로 이동]을 선택합니다.

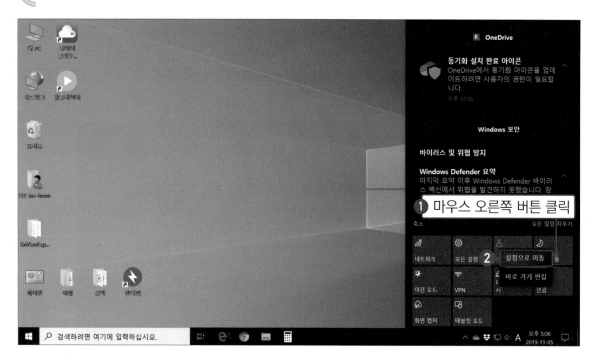

04 [설정] 창의 [집중 지원] 화면에서 [자동 규칙]을 설정합니다.

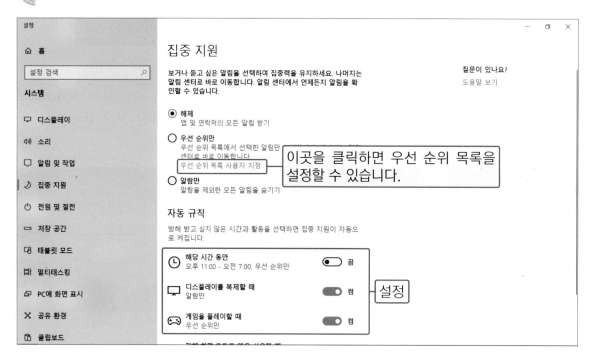

우선 순위 목록

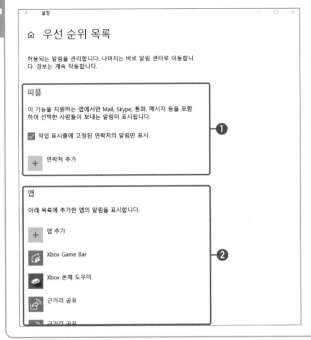

[우선 순위 목록 사용자 지정]을 클릭하면 다음과 같은 화면이 나타납니다.

① **피플** : 사용자의 윈도우에 연락처가 등록되어 있다면 알림을 받을 사람만 따로 설정할 수 있습니다. 추가된 사람들한테는 알림을 받습니다.

② **앱** : 우선 순위에 추가한 앱의 알림만 받고 나머지 앱들은 알림을 받지 않습니다.

---

03 | 실력 다듬기   **소중한 내 눈 보호하기 - 야간 모드**

01 작업 표시줄 오른쪽의 ▢(알림 센터) 아이콘을 클릭한 후, [야간 모드] 버튼을 클릭합니다.

02 화면이 따뜻한 노란 기운을 띄게 됩니다. [야간 모드] 버튼을 마우스 오른쪽 버튼으로 클릭한 후, [설정으로 이동]을 선택합니다.

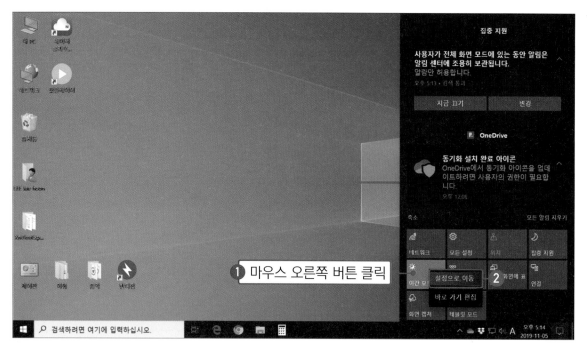

03 [설정] 창의 [디스플레이] 화면에서 [야간 모드 설정]을 클릭합니다.

04 [야간 모드 설정] 화면이 나타나면 [강도]의 슬라이더를 좌우로 움직이면서 자신에게 맞도록 색의 강도를 조절합니다. [일정]에서 [야간 모드 예약]을 '켬'으로 설정한 후, 일정을 예약합니다.

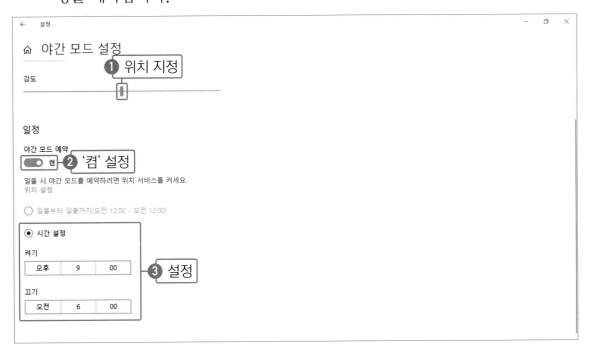

04 | 실력 다듬기 **컴퓨터 문제 해결하기 - 작업 관리자, 문제 해결사**

Step 01 **앱이 멈추면 '작업 관리자'의 도움을 받자**

01 작업 표시줄을 마우스 오른쪽 버튼으로 클릭한 후 [작업 관리자]를 선택합니다.

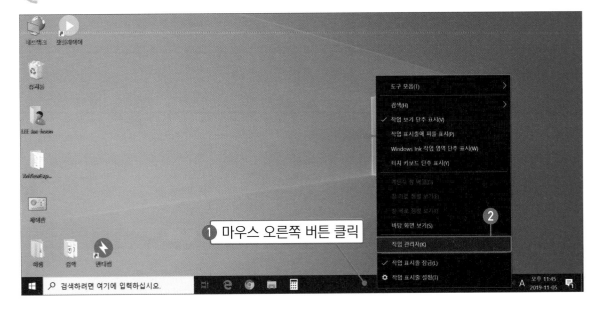

02 [작업 관리자] 창이 나타납니다. [프로세스] 탭을 보면 현재 실행되고 있는 앱들과 백그라운드에서 돌아가고 있는 프로세스들이 보입니다. 하단의 [간단히]를 클릭합니다.

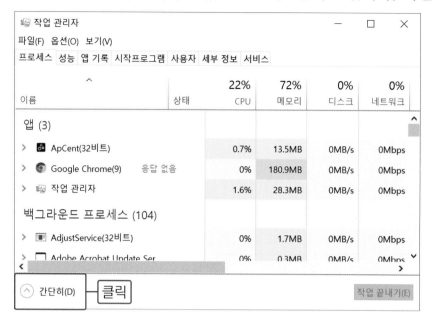

> 키보드의 [Ctrl]+[Alt]+[Delete] 키를 동시에 눌러 나타나는 화면에서 [작업 관리자]를 클릭해도 됩니다. 문제가 생겨 마우스조차 안 움직이면 이 방법을 사용합니다.

03 만약 앱이 멈춰 작동을 하지 않는다면 앱 옆에 '(응답 없음)'이라는 문구가 보입니다. 멈춘 앱을 선택하고 [작업 끝내기] 버튼을 클릭하면 멈춘 앱이 강제 종료됩니다. 앱만 종료되고 윈도우는 정상 작동하게 됩니다.

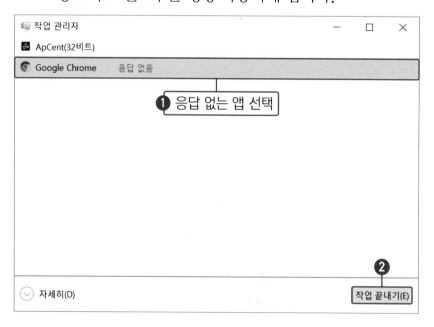

> [작업 관리자] 창에는 복잡하고 시스템에 상당한 영향을 미치는 요소들도 표시됩니다. 현재 내가 실행하고 있는 앱 이외에는 확인용으로만 사용하는 것을 권장합니다.

01 [시작(▦)]-[설정(⚙)]을 클릭한 후, [설정] 창이 나타나면 [업데이트 및 보안]-[문제 해결]을 선택합니다.

02 [문제 해결] 화면이 나타납니다. 컴퓨터와 윈도우에 문제가 나타나면 이곳에서 진단을 할 수 있습니다. 현재 인터넷과 관련해 문제가 있다면 [인터넷 연결]을 클릭합니다. [문제 해결사 실행] 버튼을 클릭합니다.

03 [인터넷 연결 문제 해결]을 클릭하면 문제를 자동으로 검사합니다.

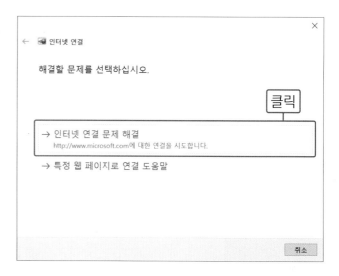

04 검사가 끝나고 윈도우가 알려주는 해결 방법대로 문제를 해결합니다.

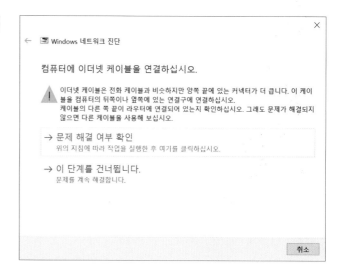

05 문제를 해결한 후 [문제 해결사 닫기]를 클릭합니다.

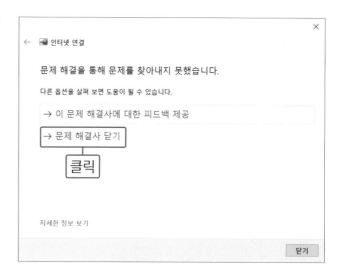

06 [문제 해결] 화면에서 [권장 문제 해결 설정]을 클릭합니다.

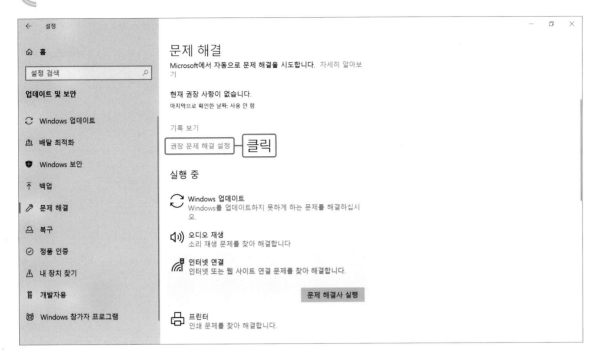

07 다른 항목들은 기본값으로 두고, [권장 문제 해결]은 '문제를 해결하기 전에 확인'으로 설정합니다. 윈도우가 자동으로 문제를 인식하고 수정하기 전에 사용자에게 물어봅니다. 중요한 작업 중이라면 빨리 저장을 한 후 문제를 수정하면 됩니다.

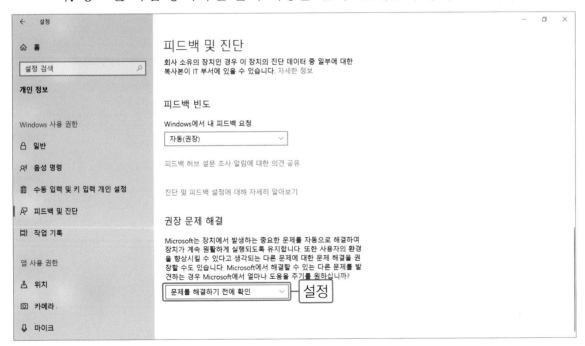

1 집중 지원 모드를 다음 시간 동안만 켜지도록 설정해 봅니다.

> • 반복 : 주말
> • 시간 : 오후 11시부터 오후 3시까지
> • 집중 레벨 : '우선 순위만' 알림

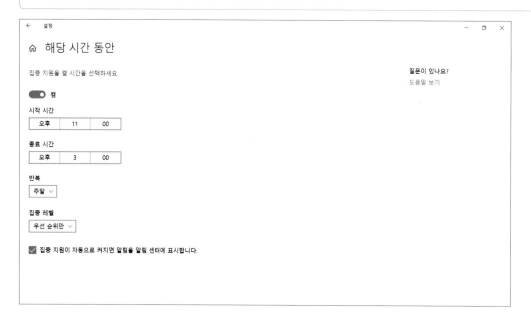

> **힌트** [집중 지원] 화면의 [자동 규칙]에서 '해당 시간 동안'을 클릭하여 설정합니다.

2 [야간 모드 설정] 화면에서 [위치 설정]을 켜서 일몰에 맞춰 야간 모드가 실행되도록 일정을 설정해 봅니다.

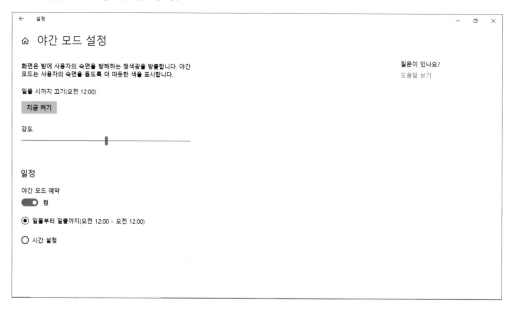

좋은 책을 만드는 길
독자님과 함께하겠습니다.

도서에 궁금한 점, 아쉬운 점, 만족스러운 점이
있으시다면 어떤 의견이라도 말씀해 주세요.
시대인은 독자님의 의견을 모아 더 좋은 책으로 보답하겠습니다.

www.edusd.co.kr

 컴퓨터 활용(Windows 10)

초 판 발 행	2020년 01월 10일
발 행 인	박영일
책 임 편 집	이해욱
저 자	이재훈
편 집 진 행	신민정
표지디자인	김도연
편집디자인	신해니, 임옥경
발 행 처	시대인
공 급 처	(주)시대고시기획
출 판 등 록	제 10-1521호
주 소	서울시 마포구 큰우물로 75 [도화동 538 성지 B/D] 9F
전 화	1600-3600
팩 스	02-701-8823
홈 페 이 지	www.edusd.co.kr
I S B N	979-11-254-6652-9(13000)
정 가	10,000원